CONTROVERSE DU POUVOIR COUTUMIER EN RDC

Cas du groupement Bula,
Secteur de Bula-Naku,
Territoire de Tshela,
Province du Kongo Central

Joseph Mombo Nsungu

CONTROVERSE DU POUVOIR COUTUMIER EN RDC

Cas du groupement Bula,
Secteur de Bula-Naku,
Territoire de Tshela,
Province du Kongo Central

Préface de Julien Nyimi Phanzu

L'Harmattan

5-7, rue de l'Ecole-Polytechnique, 75005 Paris

http://www.librairieharmattan.com

ISBN : 978-2-336-43550-3
EAN : 9782336435503

Acronymes

A.T : Administrateur de Territoire

A.T.A : Administrateur de Territoire Assistant

ADN : Acide Désoxyribonucléique

AFF. : Affaire

ANR : Agence Nationale de Renseignement

Av.J-C : Avant Jésus-Christ

B.F : Bas-Fleuve

B.Z : Bas-Zaïre

CAB : Cabinet

CAID : Cellule d'Analyse des Indicateurs de Développement

Cfr : Confer

CLCK : Centre de la Langue et de la Culture Kongo

COUT. : Coutumier

DEC : Décentralisation

Doc : Document

E.C.C : Ecole Conventionnée Catholique

E.C.K : Ecole Conventionnée Kimbanguiste

E.C.P : Ecole Conventionnée Protestante

E.P : Ecole Primaire

f : fille

g : Garçon

Gouv. : Gouverneur

H	: Homme
I.S.D.R	: Institut Supérieur de Développement Rural
K.C	: Kongo Central
MM	: Messieurs
M.P.R	: Mouvement Populaire de la Révolution
MIN.	: Ministre
MSG	: Message
N.B	: Nota Bene
N.O	: Nord-Ouest
N°	: Numéro
OCCN	: Organisation pour la Culture et la Cohésion Nationale
p	: Page
PNC	: Police Nationale Congolaise
pp	: Plusieurs pages
R.D.C	: République Démocratique du Congo
S.E	: Sud-Est
SG	: Secrétaire Général
VPM	: Vice-Premier Ministre

Remerciements

Après le livre intitulé « Autopsie des crises politiques en République Démocratique du Congo » publié chez l'Harmattan en 2021, me voici de nouveau dans un ouvrage qui se nomme « Controverse du pouvoir coutumier en République Démocratique du Congo, Cas du groupement Bula, Secteur de Bula – Naku, Territoire de Tshela, Province du Kongo Central ».

Parmi les épines collées au pied de la République Démocratique du Congo, épines qui handicapent et empêchent son développement, son fonctionnement harmonieux, figure en tête de liste le problème de la controverse du pouvoir coutumier avec son lot d'effets collatéraux notamment : les guerres, les disputes et les pertes de temps. Cette situation doit interpeler normalement tout congolais. C'est pourquoi, en ma qualité de chef coutumier du groupement Bula, c'est-à-dire une personne assermentée, j'ai jugé utile d'apporter ma modeste contribution à la résolution de cet épineux problème. Comme dans « Alice au pays des merveilles », je sens que les fleurs me parlent.

Mes remerciements s'adressent de façon particulière au Professeur Ordinaire (Titulaire) Nyimi Phanzu Julien (fils de ce groupement Bula pris comme étalon dans cette recherche) pour avoir accepté de préfacer cet ouvrage et d'y apporter sa touche de dextérité. De plus, je resterai toujours reconnaissant envers lui pour sa disponibilité et surtout son humilité. Il est une icône qui a pour principe : « le bien ne fait pas de bruit et le bruit ne fait pas du bien ».

Merci aux juristes maison (ISDR/Kinzau-Mvuete) : les chefs de Travaux Lelo Vangu Blaise et Kimba Buede Antoine, l'Assistant Mayuku Mayuku Liévin pour avoir parrainé l'aspect juridique incorporé dans l'ouvrage. Nos échanges, nos évaluations et les états des lieux ont enrichi considérablement l'élaboration de ce travail.

Je remercie très sincèrement l'Assistant Nzuzi Kianika Raphaël et le Directeur à l'E.S.U Kuwa Nyala Tadi Isaac qui, dès le début, n'ont cessé de m'encourager dans ma rédaction. Très intéressés par l'ouvrage, ils ont été à la hauteur dans la lecture du manuscrit, jusqu'à déceler certaines virgules restées suspendues dans mon esprit ou à mon stylo.

Enfin, que les illustres personnes qui m'ont procuré des documents de référence, celles qui m'ont soutenu matériellement et moralement, trouvent, à travers ces écrits, le couronnement de leur bienveillance. Je pense plus particulièrement au Professeur Emérite Masiala ma Solo André, chef coutumier du groupement Mbilu Tolo ; aux chefs coutumiers Mbumba Mabiala Alfred, Kaniki Kini Anaclet et Mambu Luemba Chrispin, à l'opérateur économique Diphova di Lusala Dilus, aux chefs de Travaux Muanda Tsimba Ferdinand, Luyeye M'fulu Eddy Arnold, Kianga Makayi Pascal, Makoso Lelo Jean et Ntoto Ntoto Hyldebert.

A vous tous qui n'êtes pas cités nommément ici, mais qui avez apporté votre contribution à l'élaboration de cet ouvrage, je dis de tout cœur merci. C'est grâce à vous tous (on n'invente pas la roue) que « controverse du pouvoir coutumier en République Démocratique du Congo » a vu le jour.

Préface

Sous le titre *« controverse du pouvoir coutumier en République Démocratique du Congo. Cas du groupement Bula, secteur de Bula – Naku, territoire de Tshela, Province du Kongo Central »*, le Professeur Ordinaire Mombo Nsungu Joseph procède à une « autopsie », mieux, à une « vivisection » d'une entité territoriale de base : le Groupement, dans le Secteur Administratif du Territoire d'une Province en République Démocratique du Congo.

En sa qualité de Chef de Groupement régulièrement et coutumièrement investi par l'Etat congolais et par ses ancêtres généalogiques, il prend le Groupement de Bula, du Territoire de Tshela dans le Kongo Central comme un prétexte pour informer les intéressés du fait « Groupement » dans ces origines et dans son fonctionnement concret, tiraillé qu'il est entre le modernisme du droit positif et la tradition du droit coutumier plus oral.

Or, on s'en doute, les controverses dans un Groupement naissent principalement suite à la présence d'hommes, généralement de diverses origines, sur une même terre, parfois boisée et forestière, dont ils revendiquent non seulement la *jouissance*, comme l'a arrêté le droit positif congolais, mais aussi la possession en *arguant* du droit du premier occupant ancestral.

Et, on le sait par ailleurs, lorsque des humains entrent en contact les uns avec les autres, il se crée assez tôt des rapports définissant la position d'un chacun comme leader ou comme suiveur, comme dominant ou comme dominé. Le plus « fort » domine sur les moins forts, sur les plus « faibles » et ces derniers acceptent la domination en se « sous-mettant ». Autrement, la vie en groupe ne saurait s'organiser et sa cohésion serait impossible.

Ce qui est ainsi vrai des individus dans un groupe l'est aussi des sociétés et des Etats. Les Etats plus « forts » dominent les Etats plus « faibles » et ceux-ci se soumettent bon gré mal gré à cette domination. Car il n'est pas logique que le plus faible domine sur le plus fort, force et faiblesse étant ici entendues non seulement sur le plan physique mais aussi au niveau des capacités intellectuelles et spirituelles. Les plus intelligents, les plus forts, les plus saints, les plus nantis, les plus astucieux, les plus roublards, les plus déterminés finissent par s'imposer sur les timides, les faibles, les moins hardis, les moins robustes, les indécis, les moins nantis, les pauvres.

Une telle situation, qui suscite des rapports des forces entre les individus et entre les sociétés, est loin d'être hypothétique. Nous la vivons dans nos rapports quotidiens avec les autres et dans les bras-de-fer permanent, apparent ou latent, entre les sociétés « nanties » et les sociétés « pauvres », entre les Etats « riches » et les Etats « démunis ». Au demeurant, le conflit, sous toutes ses formes, semble bien être, l'histoire nous l'apprend, la seule constante des civilisations humaines.

Et à y regarder de plus près, les Etats actuellement « pauvres » sur notre planète ont quasiment tous été victimes de la colonisation des Etats « riches ». Les fameuses indépendances que celles-là ont obtenues, voire arraché de force au prix du sang versé dans la lutte pour la « libération », n'ont pas tenues leurs promesses. Elles étaient, dès le début, biaisées, piégées par les puissances colonisatrices, par les maîtres, les maîtres du jeu politique et économique. Comme aux échecs, les maîtres avaient déjà anticipé les mouvements des pions adverses et préparé la riposte. Ils avançaient selon des schémas « pré-tracés » par eux, « pré-codifiés » par eux pour leurs adversaires en vue de leur infliger un « échec et mat » définitif.

Bien que les colonisés n'aient pas toujours courbé l'échine, l'Etat colonial devait, afin de tirer profit de son « bien » usurpé aux populations autochtones, assurer d'une manière ou d'une autre la gestion des entités asservies. Partout dans le monde, dans l'espace et dans le temps, deux schémas au moins se présentaient à lui :

- Ou bien substituer sa propre organisation à celle des populations locales en les désorganisant et en les réformant autrement. C'est là, par exemple, une constante observée chez les adeptes des religions monothéistes. Moïse et ses Hébreux ont imposé leur religion, leurs mœurs aux peuples vaincus et soumis par eux. Muhamed et ses musulmans ont agi pareillement : ils ont « coranisé » et islamisé les peuples qu'ils ont vaincus.

- Ou bien créer une classe de fonctionnaires tirés de la population locale et formés aux tâches d'un auxiliaire de l'Administration. Ce personnel initié à l'administration coloniale et, en même temps, pétri de la culture et des traditions du milieu ont joué le rôle d'interface entre les colonisateurs et les colonisés en vue d'un management pacifique des problèmes pouvant surgir de la cohabitation sur un même territoire des dominants et des dominés, même si la puissance colonisatrice avait toujours le dernier mot.

Et, c'est précisément ce second schéma que la Belgique, puissance coloniale s'imposant sur le Congo, un territoire quatre-vingt fois plus étendu que la métropole, a appliqué dans sa colonie. Elle a laissé en place, voire en a même créé, des chefs coutumiers détenteurs de la tradition du terroir et spécialistes des généalogies de leur population.

Evidemment, ces tout premiers chefs coutumiers n'étaient pas particulièrement instruits à l'école des blancs. Bon nombre d'entre eux étaient carrément analphabètes. Aujourd'hui, les choses ont changé. Les chefs sont de plus en plus lettrés et on compte même, dans leurs rangs, des universitaires et des professeurs d'université.

Tel est le cas de l'Auteur du livre que nous avons l'honneur de préfacer ici. Monsieur Joseph Mombo Nsungu est effectivement Professeur de l'Enseignement Supérieur et Universitaire de la RD Congo. A notre avantage, il a pensé à nous faire bénéficier de son expérience d'universitaire et de sa grande et subtile maîtrise des traditions de son Groupement et des autres Groupements du Secteur de Bula-Naku. Ce faisant, il nous introduit et nous pilote à travers les méandres de la charge territoriale d'un Chef de Groupement.

Dans ce but, le Professeur Joseph Mombo Nsungu, par une analyse serrée de la réalité qu'il vit au quotidien dans le Groupement de Bula au Mayombe de la RD Congo, rappelle les textes fondateurs de toutes ces entités territoriales de base de notre pays et établit sa légitimité plénière à la tête de son Groupement. Il note que les principales controverses vécues à ce niveau naissent des conflits fonciers et de la falsification malveillante des généalogies, puisque, nous pouvons le dire, il n'y a pas d'hommes sans terre ni terroir, la terre restant le premier bien commun des individus humains.

En fait, nous l'avons déjà dit, l'étude du pouvoir du Chef de Groupement de Bula livrée au public dans une langue audible, limpide, adaptée à tous les niveaux de culture, doit être prise pour un paradigme, un modèle, puisque partout à travers le pays et probablement ailleurs aussi, les controverses et autres conflits surgissent avant tout des revendications foncières et du droit traditionnel et généalogique de succession à la tête du Groupement. Les tueries quotidiennes à l'est de la RD Congo en sont une parfaite illustration. Ainsi, *ce livre a vocation d'ouvrage de référence.* A nous tous d'en tirer profit.

Enfin, les réflexions du Professeur Joseph Mombo Nsungu sur l'évolution et de la structure du Groupement et de la fonction du Chef de Groupement doivent intéresser ceux qui gouvernent nos Etats et ce, du sommet à la base.

Quoi qu'il en soit par ailleurs, le Professeur Mombo a également eu, dans son livre, le grand mérite de jeter sur la tradition orale de chez lui et de chez tous un regard nouveau, digne d'un philosophe s'intéressant au droit coutumier. Et si tous les Chefs de Groupement du Secteur de Bula–Naku pouvaient produire de pareilles analyses, nous bénéficierions d'une vue panoramique de l'histoire de la colonisation des terres à Bula-Naku par nos ancêtres et nous réécririons nous-mêmes l'histoire de ce Secteur. Et si tous les Chefs de Groupement de tout le pays en faisaient autant…

Professeur Julien Nyimi Phanzu

Introduction générale

Le texte que je donne à lire a pour matrice controverse du pouvoir coutumier en RD Congo : cas du groupement Bula, dans le secteur de Bula-Naku, territoire de Tshela, dans la province du Kongo central en République Démocratique du Congo.

Certaines raisons justifient ma réflexion. En effet, les dictionnaires définissent le concept controverse de la manière suivante : débat sur une question, sur une opinion, etc. suscité par des avis divergents. En partant de cette définition, on peut admettre que la vie sociale, politique et même économique en République Démocratique du Congo est émaillée du problème de controverse du pouvoir coutumier. Deux points essentiels constituent la matrice de cette controverse. Il s'agit de la terre et de la succession. Et, le tout trempé dans une culture orale. En somme, la culture orale alimente, entretient et pérennise la controverse du pouvoir coutumier.

Le problème de la controverse du pouvoir coutumier tire principalement ses origines de la culture orale, de la colonisation et de la vision du monde de la population de l'époque précoloniale. Les éléments qui viennent d'être cités peuvent se comprendre de la manière suivante :

La culture orale

La société de l'Afrique noire en général et la société congolaise en particulier est caractérisée par une culture orale. Celle-ci bien que présentant quelques avantages a principalement l'inconvénient de colorer jusqu'à biaiser le récit transmis de génération en génération.

Dans la suite de mon investigation, spécialement au premier chapitre, une analyse plus étoffée sera consacrée à la culture orale.

La colonisation

Point n'est besoin de souligner ici que lorsque le colonisateur européen était arrivé en Afrique noire en général et en République Démocratique du Congo en particulier, il avait trouvé des sociétés (Empires, Royaumes, etc.) très organisées du point de vue politique, économique, social, juridique…

L'arrivée d'un être humain avec une peau blanche avait fortement inquiété et déstabilisé l'organisation, le comportement et la structure de ladite société. C'est pourquoi, par exemple, dans de nombreux cas et dans le souci de protéger leurs sujets (populations), les vrais chefs coutumiers n'étaient jamais présentés au colonisateur. A leur place, l'on présentait soit un esclave ou un étranger qui eux, pouvaient sans conséquence perdre leurs membres de famille qui pouvaient mourir en devenant par la suite des personnes à la peau blanche, une sorte de métempsycose selon la légende ou la culture de l'Afrique noire traditionnelle.

La vision du monde de la population

Habituellement, l'on asserte que les peuples noirs sont hospitaliers. Ils concevaient jadis le monde comme un tout communautaire. C'est probablement pourquoi, aidée par sa faible densité, la population précoloniale de la République Démocratique du Congo accueillait, sans problème, tout étranger sur son sol. Et, à cet aspect, si l'on ajoute la pratique de l'esclavagisme interne, on peut comprendre comment s'est posé dans la suite le problème de controverse du pouvoir coutumier surtout en ce qui concerne la succession du chef coutumier.

La prolifération, avec le temps, des étrangers dans la chefferie ou dans le groupement a eu entre autres pour effet que ces étrangers accédaient aussi au pouvoir ancestral et aux autres droits réservés aux autochtones soit par la ruse et par d'autres procédures vicieuses.

L'objectif principal poursuivi par le présent ouvrage est de permettre à la population, grâce à un support matériel, de réduire tant soit peu le temps gaspillé suite aux multiples cas de controverse du pouvoir coutumier. Le temps qui sera ainsi libéré permettra à la population de s'adonner au travail. Celui-ci est et restera le seul gage pour la paix sociale et le développement. Cet axiome rejoint d'ailleurs le dicton anglais : « time is money », le temps c'est de l'argent.

Mû par le souci d'apporter ma pierre quelque modeste qu'elle soit, à la solution du problème de la controverse du pouvoir coutumier en République Démocratique du Congo, je pense évoquer les théories d'Erik Erikson. En effet, Erik Erikson est intéressant car c'est l'un des premiers à avoir émis l'idée que le développement continuait à l'âge adulte. L'un des stades dont il parle est précisément la générativité et la stagnation entre 30 et 65 ans selon les individus.

La générativité se traduit par un intérêt pour la génération suivante et son éducation. Bien entendu, on peut accomplir cela de nombreuses façons en étant parent, employeur, responsable de stage, formateur, etc. Bref, la générativité selon Erik Erikson[1], ce psychanalyste germano-américain, se manifeste par la réalisation psychosociale essentielle du jeune adulte et de l'adulte d'âge mûr, l'intérêt pour l'établissement et la formation de la génération future. Donc, la générativité consiste à établir et à guider la génération future. En d'autres termes, nos générations futures pourront, au regard de quelques indications de ce livre, trouver une bouée de sauvetage pour les solutions à apporter au problème de la controverse du pouvoir coutumier.

Certaines questions soulevées ici constituent la problématique de ma cogitation. En effet, quel est l'impact de la culture orale dans sa relation avec le pouvoir coutumier ? Que nous apprend la matrice du droit coutumier dans le contexte congolais sur la personne et les biens ? Quels sont les textes fondamentaux du pouvoir coutumier en République Démocratique du Congo ? Que retenir du droit coutumier dans le groupement Bula ? Quelle réflexion envisagée sur la vie du chef coutumier ?

---

[1]BOUCAULT. S (2016). *Les huit âges de l'homme*, selon Erik Erikson- Nos pensées. Repéré à https://nospensees.fr/

Comme hypothèse, tant qu'on ne prendra pas en compte de manière lucide la réalité du pouvoir coutumier sur la personne et les biens, ce dernier sera toujours objet de controverse. En conséquence, seconde hypothèse, cette controverse conduire à des crises, aux débats et à la perte de temps. Ainsi, autre hypothèse, ces crises constitueront un blocage pour la paix et le développement des populations. Dès lors, dernière hypothèse, une gestion ointelligente et réaliste du pouvoir coutumier e, sol congolais contribue à la prospérité, à l'harmonie et à la cohésion sociale.

Comme limite, la question de controverse du pouvoir coutumier se pose à travers plusieurs groupements de la République Démocratique du Congo. En effet, sur toute l'étendue du territoire presque, le problème de la controverse du pouvoir coutumier se pose avec une acuité hors norme, entrainant des conséquences fâcheuses telles que : les démêlés fréquents de justice, les disputes, les batailles rangées voire même les guerres interminables.

Je me limite au groupement Bula, dans le secteur de Bula-Naku, territoire de Tshela, dans la province du Kongo central. Je suis cependant bien conscient que mes cogitations se vérifient aussi ailleurs, sur toute l'étendue de la R.D.Congo, même dans plusieurs pays africains, singulièrement en Afrique noire. Aussi, je n'ai pas la prétention d'épuiser le débat et la réflexion sur la controverse du pouvoir coutumier en RD Congo ou en Afrique noire. Les apports des autres chercheurs sont souhaitables et utiles pour enrichir le débat.

D'ores et déjà je préviens les lecteurs, comme autre limite, que le sujet à l'étude est complexe surtout par le fait de la rareté de la documentation écrite. Et, les rares documents qui existent sont passibles à subir une critique historique de haute facture. De plus, ledit sujet est hyper sensible.

Au regard du paragraphe qui précède, force est d'indiquer dès maintenant à nos lecteurs que nous ne serons pas en mesure de satisfaire toutes leurs attentes. C'est dans cette optique que nous faisons nôtre les paroles combien prudentes de Platon :

> « *Je m'en vais donc exposer ce que j'en pense et si quelqu'un d'entre vous juge que je m'accorde à moi-même une proposition qui ne soit pas vraie, il faut qu'il m'interpelle et qu'il me réfute. Car, je ne donne pas moi-même ce que je dis pour une vérité dont je suis sûr. Je cherche en commun avec vous, de sorte que si mon contradicteur me semble avoir raison, je serai le premier à lui rendre les armes* »[2]

Ma démarche est analytique, réflexive et critique, nourrie par l'expérience et la vie. En effet, les enquêtes de terrain, soutenues par un questionnaire, ont été indispensables pour asseoir mes convictions et pour la rédaction de cet ouvrage.

Outre cette introduction et la conclusion, nous envisageons d'abord de parler, au premier chapitre de *la culture orale et le pouvoir coutumier*. En effet, la culture orale a caractérisé et caractérise encore de nos jours le pouvoir coutumier en République Démocratique du Congo. Il s'agit là d'une entrée en matière tout indiquée pour la recherche que je tente. Au second chapitre, je mets à la disposition des lecteurs *l'étude de quelques aspects du Droit coutumier*. Le troisième chapitre intitulé *« deux textes fondateurs du pouvoir coutumier »* expose in extinso ce que l'Etat congolais a prévu pour légiférer en cette matière. Il s'agit ici des textes qui concourent à la fixation au moyen d'un support écrit les éléments essentiels qui concernent le pouvoir coutumier. Au quatrième chapitre a pour pierre de touche le *« pouvoir coutumier dans le groupement de Bula »*. Enfin, un cinquième chapitre portera sur *quelques réflexions concernant la vie du chef coutumier en République Démocratique du Congo*.

---

[2] PLATON, *Gorgias*, 506 a.

Chapitre 1

Culture orale et pouvoir coutumier

Ces lignes du premier chapitre ont pour matrice la culture orale et le pouvoir coutumier.

« Si vous prêchez pendant dix longues années que les Congolais sont incapables et inaptes à diriger leur pays et que le peuple congolais se résume en bière, argent et femmes, il s'en suivra logiquement qu'on acceptera comme un phénomène politique normal le fait d'imposer à la direction des institutions politiques congolaises des hommes sans envergures... »[3].

Dans tous les cas ou presque, le pouvoir coutumier en République Démocratique du Congo est géré avec une prédominance de l'oralité. Subsidiairement à la réflexion de Frédéric Boyenge Bofala au paragraphe précédent, nous sommes en droit de constater que l'un des inconvénients majeurs de l'oralité est de décolorer voire de travestir le récit initial. Et, ce récit initial même travesti devient, à force d'être prêché pendant de longues années, des vérités cardinales. S'agissant particulièrement du problème de la succession du pouvoir coutumier en République Démocratique du Congo, on assiste quelques fois à des paralogismes. Et, les dictionnaires définissent le paralogisme de la manière suivante : *une erreur commise de bonne foi.*

---

[3] BOYENGE Bofala F., *Au nom du Congo-Zaïre*, Publisud, Paris, 2011, p.5

Contrairement aux propos de Frédéric Boyenge Bofala, Guillemin renseigne que : « si l'on venait de me dire que les caractères d'imprimerie projetés au hasard, mais mille, dix mille et cent mille fois, ont fini par donner l'Enéide[4] tout arrangée, je ne daignerais pas faire un pas pour aller vérifier ce mensonge »[5].

Avec les propos de Guillemin, l'intelligence ordonnatrice intervient subitement pour barrer la route à toute déformation du récit. Ainsi, nous sommes là plongés au cœur de ma problématique qui consiste à fixer, à l'aide d'un support écrit les récits concernant le pouvoir coutumier en République Démocratique du Congo. Il s'agit d'un défit à relever, d'un enjeu de taille ou encore d'une entreprise titanesque.

Le présent chapitre s'articule sur les quatre points suivants : le premier point traite de la culture en général, le second point parle de la communication orale, le troisième point aborde le problème de la culture orale et enfin le quatrième traitera de la relation entre culture orale et pouvoir coutumier en République Démocratique du Congo.

1. La culture en général

De prime abord, nous devons directement indiquer qu'il y a une gamme très grande du nombre de définitions du mot « *culture* ». Agronome, Ethnologue, Sociologue, Psychologue, chacun a la sienne.

---

[4] *Enéide* : poème épique de VIRGILE en 12 chants (écrit de 29 à 19 av.J.C) inspiré de l'Yliade et l'Odisée, cette épopée nationale.

- Paralogisme= erreur fortuite de raisonnement ; sophisme= erreur volontaire. La définition « erreur commise de bonne foi », pour juste qu'elle prête à confusion, car elle pourrait, de bonne foi, signifier « erreur commise volontairement »

[5] GUILLEMIN, H. *Malheureuse Eglise*, Paris, Seuil 1992, pp 19-20, raconte les pérégrinations d'Enée après l'incendie de Troie, l'établissement des Troyens en Italie, et annonce la fondation de Rome. Elle a inspiré à H ; Berlioz un opéra (les Troyens) en 5 stades et 2 parties créés intégralement en 1890.

Selon les scientifiques[6], la culture se conçoit comme étant l'environnement artificiel que l'homme se crée dans tous les domaines de son activité et par extension, le processus de création de cet environnement.

Le grand public entend par culture ce qui relève d'un quelconque ministère des Affaires culturelles, par exemple les musées, les monuments, les vieilles pierres, les masques, les livres, les œuvres d'art.

Pour certains auteurs, la culture est le produit résiduel d'une communication entre les hommes, suivie d'une cristallisation de tout ou partie de ces actes de communication dans des supports matériels que l'on appelle « conserves culturelles ». La culture est donc liée à la sédimentation dans la mémoire, des actes, des stimuli ou des messages qui ont pénétré l'environnement. Compte tenu du fait que l'aspect communication orale prend une place prépondérante pour le pouvoir coutumier en République Démocratique du Congo, cette approche nous intéresse au premier chef.

Dans le cadre des problèmes de communication, on appellera culture, les modifications plus ou moins permanentes que l'homme fait subir à son environnement perceptif. Cela signifie que la culture ne tient pas seulement, comme on aurait tendance à le supposer, dans la forme des meubles et des objets fabriqués, mais aussi dans les façons de faire, les habitudes motrices, les coutumes et les traditions, les comportements rituels ou programmés et, plus encore, dans les signes, le mot du langage, les habitudes sensorielles, tout cet univers de signes qui eux-mêmes contribuent à l'organisation de la perception[7]. La culture c'est aussi bien savoir conduire une automobile que parler javanais, c'est aussi l'art de consulter un document que la possession et l'usage d'une bibliothèque.

---

[6] *Les dictionnaires du savoir moderne*, by Centre d'Etude et Promotion de la lecture, Paris 1971, p 173.

[7] La culture, dit Margaret Mead, c'est tout ce que jamais l'homme ne pourra plus oublier, formule à laquelle répond ironiquement la formule d'Edouard Herriot : Quand on a tout oublié, il n'y a plus rien ! Le rien qui reste, c'est la culture.

Par ailleurs, il convient à ce stade de distinguer culture individuelle, celle de monsieur Mbadu (avec tout l'environnement artificiel qu'il s'est créé tant pour son éducation que par ses possessions, les finesses de goût auxquelles il s'est entraîné) de la culture collective, celle de la société constituée d'un grand nombre de MM Mbadu, Muaka, Mbenza, qui est une somme globale, à caractère statistique, partiellement matérialisée dans les trésors de la mémoire du monde.

Et, si l'on accepte l'hypothèse structuraliste qui admet la possibilité, au moins au titre de méthode, de décomposer tout l'ensemble du monde extérieur en éléments simples que l'observateur recombinera dans un modèle, le culturaliste deviendra alors comme capable, en principe de mesurer la culture. Il affirmera que la culture, qu'il s'agisse de signes matérialisés dans des messages ou d'autres éléments matériels, est proportionnelle[8] :

« 1° D'une part, au nombre de culturèmes (éléments dont la signification est spécifique à une culture), ou éléments de connaissance ou de perception mémorisable comme des unités simples ;

2° d'autre part, au nombre d'associations, plus ou moins complexes, qu'un esprit donné ou une société donnée sont capables d'effectuer avec des culturèmes ; c'est ce réseau d'associations qu'on appellerait « structures ».

Symboliquement, on mesurerait la culture par l'expression suivante :

C= (nombre de culturèmes) X (nombre d'associations réalisables entre eux)

Selon que l'un ou l'autre de ces facteurs est prédominant, on distinguera en pratique deux grands types de culture : les cultures érudites et les cultures créatrices.

---

[8] *Les dictionnaires du savoir moderne*, *Op-Cit.*, pp 173-174.

1°) Cultures érudites

Sont celles qui visent, dans leur développement, à acquérir le plus grand nombre de culturèmes possibles.

Comment comprendre les cultures créatrices ?

2°) Cultures créatrices

Sont celles qui portent plutôt leurs efforts sur une activité combinatoire en manipulant des culturèmes déjà acquis sans tellement chercher à en augmenter le nombre.

Ces deux types valent également pour les individus et les systèmes sociaux. Au cours de l'histoire, il apparait qu'on alternait irrégulièrement la première et la deuxième tendances ».

Après cette approche de la culture en général, nous voulons à présent nous focaliser sur la communication. Il s'agira surtout de la communication orale, celle qui est usitée par le pouvoir coutumier en République Démocratique du Congo.

Que retenir sur la communication ?

2. La communication[9]

L'homme se distingue des autres systèmes biologiques par l'extension de sa faculté de communication. Il utilise une multitude de modes de communication : langage des signes, l'Ode Morse, le langage des fanions et balises, le code de la route, l'écrit, etc.

La communication peut globalement être définie comme l'action de faire participer un individu ou un organisme situé à une époque, en un point donné R (récepteur), aux expériences stimulées de l'environnement d'un autre individu ou d'un autre système, situé à une époque, en un autre lieu E (émetteur), en utilisant des éléments de connaissance qu'ils ont en commun. C'est ce qu'on appelle l'expérience vicariale.

---

[9] *Les dictionnaires du savoir moderne*, *Op.Cit.* p.102.

La communication peut être aussi définie mathématiquement comme l'établissement d'une correspondance univoque entre univers spatio-temporel E (émetteur), et un univers spatio-temporel R (récepteur). Plusieurs sociologues et ingénieurs, notamment américains, ont théorisé à ce propos : H.C LASSWELL avec sa théorie des « 5W », C.E SHANON avec sa théorie de l'information, D. LERNER et D.MC CELLAND avec la théorie causaliste, etc.

Ainsi, un individu est un centre récepteur des messages. En effet, dans sa propre sphère d'environnement, l'individu reçoit des messages, d'abord d'un univers proche : son cercle familial, par exemple, les objets de son entourage ; ensuite, d'un univers plus lointain : celui de l'environnement social. Ce dernier n'est qu'une part de l'environnement global.

En fait, dans toute communication, qu'elle soit proche ou lointaine, il y a transmission du message de l'émetteur au récepteur au moyen d'un canal, c'est-à-dire par un système matériel (ondes sonores de l'air, par exemple). Le canal est le mécanisme physique de la communication : le texte imprimé d'un livre, les ondes sonores dans une conversation etc. Dans la communication interhumaine, les canaux essentiels sont la vision et l'audition. Le début de la civilisation a coïncidé avec l'expansion d'une civilisation orale, le dessin n'est apparu qu'après. Puis, peu à peu, l'écrit s'est imposé comme système de communication visuel.

Dans la présente recherche, c'est la communication orale ou verbale qui nous intéresse au premier rang parce qu'elle est le mode de transmission préférée pour le pouvoir coutumier dans notre milieu d'étude. Et comme nous l'avons déjà souligné dans l'introduction de ce chapitre, la culture orale en général ou la communication orale en particulier présente quelques inconvénients.

En sus des inconvénients déjà cités, voici ce que nous renseignent les scientifiques en ce qui concerne la matrice de confusion pour la qualité d'une communication orale[10].

---

[10] *Idem*, p.134.

« Outil de mesure de la qualité d'une communication effectuée avec des éléments discrets tels que des phonèmes, des syllabes ou des mots dans un canal généralement verbal ».

> *« Imaginée vers 1950 par les phonéticiens et linguistes américains, une matrice de confusion est un tableau réunissant tout l'ensemble des confusions effectuées par le récepteur au sujet des éléments du répertoire utilisé par l'émetteur. Quand X parle à Y, et qu'ils se servent en principe d'un répertoire de lettres ou de phénomènes, Y n'identifiera pas toujours correctement chacune des lettres ou chacun des phonèmes émis successivement par X ».*

Les pages qui suivent ont pour pierre de touche la culture orale.

3. *La culture orale*

Expressément, nous avons intercalé la communication entre la culture en général et la culture orale parce que la culture orale se transmet essentiellement par une communication orale.

La tradition orale également appelée culture orale, patrimoine oral ou encore littérature orale est une façon de préserver et de transmettre l'histoire, la loi et la littérature, de génération en génération dans les sociétés humaines (peuples, ethnies, etc.) qui n'ont pas de système d'écriture ou qui, dans certaines circonstances, choisissent ou sont contraintes de ne pas l'utiliser. La tradition orale est parfois considérée comme faisant partie du folklore d'un peuple. Il serait parfois plus juste d'y voir l'une des formes principales de l'enseignement (initial et renouvelé) des sociétés avec ou sans écriture.

Selon Seydou Camara[11], qui étudie la transmission orale des traditions africaines, le texte véhiculé oralement se transforme selon les intérêts de chacun, faisant apparaître à chaque fois de nouvelles variantes. Avec cet auteur, nous touchons de plein fouet le fil rouge, le leitmotiv, le cœur,

[11] https://fr.wikipedia.org/wiki/tradition orale

l'objectif du présent ouvrage. Plus loin, ce même auteur renchérit en disant que même lorsque le texte est écrit sous forme de manuscrit, des erreurs s'ajoutent à chaque copie à tel point qu'on recense une infinité de variantes dont seul le noyau reste inchangé. Ainsi, même si les récits de fondation font référence à des phénomènes historiques, ils ont toujours une teneur fictive et mythique.

Se situant dans un même registre d'étude que Seydou Camara, Yves Person[12] étudie, quant à lui, les limites temporelles de l'oralité, et fait remarquer ceci : « *une règle assez générale, qui vaut d'ailleurs pour les traditions orales dans leur ensemble, est que les souvenirs remontent seulement jusqu'à la dernière migration. Il semble qu'un élément visuel (tombes, lieux sacrés ou sites mémorables) soit presque toujours nécessaire pour maintenir vivante la mémoire. Tout ce qui est antérieur doit s'être effacé en l'espace d'une vie d'homme* ». L'auteur ajoute que certains peuples d'Afrique peuvent se souvenir d'événements marquants remontant plusieurs siècles en arrière, mais qu'avec le temps, les détails sont oubliés ou transformés.

Enfin, notons qu'il existe différentes formes de la tradition orale. En effet, chaque groupe humain a sa propre culture orale. Les traditions s'appuient sur des récits, la langue ou des chansons. Certaines de ces traditions orales sont véhiculées par des gardiens du savoir comme les anciens qui jouent le rôle de narrateurs de la communauté tandis que d'autres sont destinés à être transmis exclusivement en son sein.

Par ailleurs, les noms de lieux font également partie de ces narrations d'histoires et touchent souvent à un aspect essentiel lorsqu'ils lient ces récits aux territoires. Ils peuvent même être à la base de revendications territoriales. Ici, il ne faut pas être un grand clerc pour se rendre directement compte que l'aspect qui vient d'être décrit est très récurrent en République Démocratique du Congo. Il suffit, pour ce faire, de comptabiliser les procès ayant trait aux revendications

[12] https://fr.wikipedia.org/wiki/tradition orale

territoriales dans les villages, groupements, secteurs, provinces voire dans notre pays (avec les pays limitrophes).

En sus, les objets peuvent aussi jouer un rôle dans la transmission de l'histoire d'un peuple. Par exemple les colliers Wampum en Amérique du Nord et les « *Bikhanda* » dans l'ancien Royaume Kongo en Afrique Centrale. Compte tenu de l'aire de notre recherche, nous jugeons utile de nous arrêter un peu aux *« Bikhanda »*.

Les « *Bikhanda* » ou « *bibiadulu* » ce sont des insignes du pouvoir. Il se pose ici pour le mot en question le problème du pluriel des mots. En effet, certaines langues comme le chinois, le lingala comme le kikongo par exemple, placent le pluriel, non à la fin, mais au début d'un mot. D'où, pour le cas qui nous concerne : *« bikhanda » bi* (pluriel) et *khanda* (pouvoir) ou *bi* (pluriel) et *biadulu* (régner). Un argument plus massue nous est offert à cet effet dans la création du concept « *Bantou* » (langue bantoue, peuple Bantou).

Les « *bantous* » (peuple) constituent plus de 4/5 de la population totale de la République Démocratique du Congo. Le concept « *bantu* » fut inventé à la fin du 19ème siècle par le linguiste allemand Bleek pour caractériser la parenté des quelques 360 langues parlées dans l'Afrique centrale et australe. Il s'agit d'un terme linguistique et non des caractéristiques physiques. Il s'avère donc qu'il est un grossier contresens de parler d'une race bantue.

Toutefois, il est très utile de retenir que la découverte de Bleek mérite son pesant d'or. En effet, le concept « bantou » qui signifie, en langue kongo, personnes, peut être décomposé en *« ba »* (préfixe et pluriel) et *« ntu »* (concept= personne). Autrement dit, *« ba »* est la marque du pluriel et *« ntu »* = personne ou tête (avec la connotation de l'intelligence et du raisonnement. Donc, le *« Muntu »* (personne) désigne tout être doué d'une intelligence et d'un raisonnement ; et, les *« Bantu »* (personnes) c'est le pluriel de *« Muntu »* (la personne).

Cependant, nous pouvons noter que le *« ntou »* (tête) désigne par analogie d'abord et par extension par la suite, la partie directrice ou saillante de quelque chose. L'animal n'étant pas doué d'intelligence et du raisonnement, n'est pas un *« Muntou »* bien qu'ayant une tête. On parlera en langue kongo de *« ntu ditoma »* littéralement la tête d'un véhicule (cabine) ou encore « *ntu mambu* » littéralement la tête de l'affaire, du problème (= responsable de l'affaire, du problème).

Après cette approche de la culture et de la tradition orale, je peux à présent, aborder avec un peu plus de sérénité le point consacré à l'analyse de la culture orale et le pouvoir coutumier en République Démocratique du Congo.

4. La culture orale et le pouvoir coutumier

Dans plusieurs cas, pour ne pas dire dans tous les cas, le pouvoir coutumier en République Démocratique du Congo s'exerce dans la culture orale, c'est-à-dire par la langue. A cet effet, nous pouvons d'ores et déjà garder à l'esprit ce que nous enseigne Ferdinand de Saussure à propos de la langue : « *le temps altère toutes choses ; il n'y a pas de raison pour que la langue échappe à cette loi universelle* »[13].

Le chef coutumier, détenteur et dépositaire du pouvoir coutumier dirige son entité principalement sur base des acquis ancestraux gravés dans sa mémoire. Et, parmi les aspects auxquels il doit légiférer figure au premier plan celui du problème de la terre.

En effet, en milieu rural où s'exerce le pouvoir coutumier, la grande majorité de conflits et donc des problèmes pour lequel le chef coutumier doit apporter une solution, est liée à la terre. La terre est entendue ici comme un espace agricole. Cette considération fait dire au Professeur Mabiala Mantuba ce qui suit :

> *« Les populations qui occupèrent l'espace congolais partagèrent, tout au long du*

---

[13] DE SAUSSURE, F., *Cours de linguistique générale*, Payot, Paris, 1986, p.112

cheminement historique, les mêmes souvenirs de joie et de peine ; ils sentaient une vraie fierté d'appartenir à la terre de leurs ancêtres et se déclaraient toujours prêts à la défendre contre toute agression extérieur : c'est ça le patriotisme. Nos ancêtres ont exprimé leur foi dans la patrie, leur amour du terroir et la pérennité de la terre ancestrale par des chansons »[14].

La question de la terre est intimement liée au pouvoir coutumier, pour cette raison nous pouvons l'assimiler à une médaille avec les deux facettes ou encore, le lien entre la terre et le pouvoir coutumier ressemble au lien que Ferdinand de Saussure établit entre le signifié et le signifiant pour le signe.

Plus près de nous, la question de la terre se pose avec beaucoup plus d'acuité et génère des conflits interminables et meurtriers dans plusieurs endroits et spécialement à l'Est de la République Démocratique du Congo. Ferdinand Mushi Mungomo écrit à ce sujet :

« La question de la terre est effectivement cruciale au Kivu, particulièrement dans le Kivu montagneux, au Sud et au Nord. Il s'agit des zones de forte densité où le système foncier est dominé par des modes d'accès traditionnels contrôlés principalement par les chefs coutumiers sous la forme de fermage médiéval au Sud Kivu, notamment chez les Bashi. Sous ce système, le chef coutumier ou ses intermédiaires notables cèdent, chacun à son neveu, l'usage de la terre à des individus ou à des personnes moyennant un tribut ou une redevance annuelle tout en conservant la propriété, quelque soit le nombre d'années qu'elle aura été cultivée par le bénéficiaire… »[15].

---

[14] MABIALA Mantuba P. et al. *La République Démocratique du Congo, une démocratie au bout du fusil*, Kinshasa, Fondation Konrad Adenauer, p.75
[15] *Idem*, pp 56-57.

En conséquence, agissant de manière unilatérale, certains chefs coutumiers ont aliéné une bonne partie des terres de la communauté en faveur surtout des étrangers qui eux, estiment les avoir achetées. Selon notre entendement, le cas évoqué ici se rencontre aussi dans d'autres coins de la République Démocratique du Congo. Et, il s'ensuit que le fait que les deux protagonistes (vendeurs et acheteur) n'émettent pas sur la même longueur d'onde, c'est-à-dire n'aient pas la même compréhension des actes posés, en l'occurrence la cession momentanée des terres pour les uns et l'achat pour les autres, aboutit irrémédiablement à des conflits.

Un autre élément à noter par rapport à la terre dans cette partie de la République Démocratique du Congo est qu'au Nord Kivu, la terre bénéficie de la régénération par les éruptions volcaniques qui renouvellent périodiquement la fertilité. Dès lors, cette terre a également occasionné l'appétit glouton des exploitants agricoles moyens de tout bord se recrutant parmi les bourgeois locaux de la République Démocratique du Congo et du Rwanda. De plus, les différents flux migratoires orchestrés par le colon Belge au cours des années 30 et 50 sous le phénomène de « *mouvement de la transplantation des immigrés rwandais* », puis les différentes infiltrations clandestines ou non de la population suite aux multiples guerres qui ont secoué le Rwanda font que dans cette région, plus que dans d'autres, la terre soit devenue un enjeu crucial pour les habitants vivant pourtant ensemble.

La gestion de la terre dans la partie Est du territoire national de la République Démocratique du Congo crée aussi un schisme entre les petits exploitants soumis au régime traditionnel d'usage sur la propriété et les grands propriétaires qui, après avoir acheté la terre, ont pu cadastrer leurs étendues profitant de la loi communément appelée loi Bakajika[16] et des couloirs du pouvoir. Etant majoritairement des étrangers, ces

[16] Loi Bakajika (Initiateur). Il s'agit de la loi n°73-021 du 20 juillet 1973 portant Régime général des Biens, Régime Foncier et Immobilier et Régime des Sûretés telle que modifiée et complétée par la loi n°80-008 du 18 juillet 1980. *Journal officiel de la République Démocratique du Congo*, 45ème année, n° spécial 1er décembre 2004

derniers (grands propriétaires) constituent une classe de rentiers jaloux de garder cette ressource (terre) et de l'exploiter économiquement.

Pour terminer ce point qui concerne la terre, abordons brièvement le volet élevage qui, du reste, fait partie intégrante du secteur agricole. Il s'agit plus exactement pour le Kivu du rôle de la vache. En effet, la vache constitue un objet de contentieux au Sud comme au Nord Kivu. Son intérêt tient au fait qu'elle est un symbole des richesses dans les groupes pastoraux et que sa valeur marchande constitue une source d'accumulation non négligeable face aux besoins immenses en vitamine d'origine animale manifestés par l'éclosion de grandes villes. Dès lors, il s'avère que la commercialisation des produits laitiers et de la viande de bœuf a pris une ampleur manifeste dans la dynamique économique et commerciale au Nord et au Sud Kivu.

Selon Ferdinand Mushi Mungomo, déjà cité ci-dessus, deux auteurs Mbonyikebe Sebahire et Bueyalimwe Maroro[17] permettent de mieux cerner l'importance de la vache au Nord et au Sud Kivu.

Mbonyikebe estime que la marginalisation de Banyamulenge durant la période coloniale par le Colon Belge est survenue à cause du contrôle du bétail. Les Banyamulenge auraient été relégués dans les montagnes pour éviter de concurrencer les éleveurs coloniaux. En outre, Mbonyikebe pense que le conflit Banyamulenge et leurs voisins, particulièrement « *les Filiru et les Vira* » tient au fait que la position de la vache et des produits laitiers dans l'économie locale a octroyé au groupe Banyamulenge une ressource par laquelle sa bourgeoisie a capitalisé pour s'intégrer dans le contrôle du commerce sur l'axe Uvira-Bukavu entraînant en même temps la jalousie des autres groupes et l'affirmation de l'identité.

Bueyalimwe quant à lui situe la vache dans le contexte de la nouvelle économie rentière du Nord Kivu et

---

[17] MABIALA Mantuba P. et al., *Op.Cit*, pp 56-57.

trouve que c'est l'évolution de son exploitation sous la forme de grandes fermes qui a entraîné la mobilisation des groupes et le début des conflits ethniques qui jalonnent l'histoire du Nord Kivu depuis 1960.

Conclusion

En effet, l'importance du cheptel mobilisé par quelques individus et leur constitution en classes capables d'utiliser les ressources de l'Etat congolais et des milices pour protéger leurs pâturages et globalement leurs intérêts, ont entraîné tantôt des conflits entre eux et les petits exploitants de plus en plus dépossédés, tantôt entre eux et les chefs coutumiers. Le fait que les grands exploitants soient pour la plupart des immigrants Rwandais postcoloniaux ayant bénéficié des largesses du pouvoir et que les petits exploitants soient essentiellement des minorités autochtones dépossédés a entraîné la résurgence d'une crise identitaire et l'alignement de la vache sur une coloration ethnique.

Nous voilà à présent à la frontière de l'oralité et de l'écrit et ce spécialement par l'interprétation divergente des actes posés par les protagonistes concernant la jouissance de la terre par exemple. En effet, pour les uns (chefs coutumiers au premier plan), la terre est sacrée et donc elle ne peut être vendue. Le seul acte que le chef peut poser, c'est une cession temporaire. Par contre pour les autres (grands exploitants), il s'agit d'un achat définitif accompagné souvent d'un document du cadastre.

Comme je l'ai indiqué dans l'introduction générale, ce premier chapitre intitulé « *Culture orale et pouvoir coutumier* » est une entrée tout indiquée pour ma recherche. Je vais à présent me focaliser sur certains écrits relatifs à quelques aspects du droit coutumier.

Chapitre II

Quelques aspects du droit coutumier

Ce chapitre se corse sur quelques aspects du droit coutumier.

En effet, la raison de cet intitulé du deuxième chapitre tient au fait que le chef coutumier, dans ses prérogatives ou attributions, doit régler les différends inévitables entre ses sujets. Il doit donc, pour éviter ce que la Bible renseigne *« mon peuple périt par manque de connaissance »*, connaitre quelques aspects du droit coutumier. Dans cette optique, le chef coutumier devrait posséder, comme le suggère la loi fixant statut du chef coutumier, une bonne dose d'instruction. Celle-ci pourrait lui permettre par exemple, de distinguer une affaire civile (qu'il peut traiter) d'une affaire pénale, qui est l'apanage des cours et tribunaux.

De la manière où l'on affirme que le droit civil est très vaste, le droit coutumier l'est aussi du fait qu'il touche plusieurs aspects de la vie sociale et le chef coutumier, dans ses attributions, est obligé de contribuer au règlement des différends en tentant une conciliation entre les parties en litige. Or, le législateur a décidé que l'installation du tribunal de paix dans un territoire met fin à l'existence des juridictions coutumières (lire les articles 163 et 164 de l'ordonnance- loi n°82-020 du 31/03/1982 complétée par l'ordonnance – loi n°83-009 du 29/03/1983 portant code d'OCJ). Pour cette raison, il est nécessaire de connaitre quelques aspects du droit coutumier. De plus, il arrive souvent dans le milieu rural des conflits de compétence entre le pouvoir coutumier et le pouvoir judiciaire parce que l'un ou l'autre pense qu'on touche à son *« no man's land »*.

Néanmoins, dans cette incursion dans le monde du droit, il ne s'agit pas pour nous d'aborder la question par un exposé « *ext cathedra* » mais plutôt de mettre à la portée du chef coutumier ou d'une personne interposée à la question, l'information utile dans ce domaine. En bref, il s'agira d'une initiation à quelques aspects du droit coutumier. C'est ainsi que le présent chapitre ne comportera que deux points : le premier parlera du droit coutumier des personnes tandis que le second traitera du droit coutumier des biens.

21 Droit coutumier des personnes

La matière relative au droit des personnes est régie par la loi n°87-010 du 1er Août 1987 portant code de la famille telle que modifiée à ce jour.

Cependant, nous ne pouvons-nous permettre d'ignorer les réalités et l'histoire culturelle de notre société puisque l'exposé des motifs de ce code reconnait que « *la présente loi a pour but d'unifier et d'adapter les règles qui touchent aux droits de la personne et de la famille à la mentalité zaïroise (congolaise)* ». La loi ne cesse de renvoyer au patrimoine culturel.

Aussi dans l'espace « Kongo », le recours aux normes coutumières dans ce domaine s'est toujours imposé dans la mesure où la loi n'est pas violée et les bonnes mœurs respectées.

Dans ce premier point qui concerne les droits des personnes, j'analyserai d'abord l'identification d'une personne avec ses corolaires constitués par la notion, l'origine, le caractère et l'attribution ; ensuite, je parlerai du problème concernant les fiançailles et enfin, je traiterai le problème du mariage avec, comme sous points : notion, sortes et effets…

§1. L'identification d'une personne

Une personne est identifiée par son nom, les origines, les caractéristiques et l'attribution du nom

1. Notion du nom

L'identification de la personne se fait par le nom. Selon le dictionnaire, celui-ci est un mot ou un groupe de mots permettant de nommer un être ou une chose. Un nom peut être un nom commun, une locution nominale ou un nom propre.

Laurianne Luabo cerne l'approche du concept nom par les propos suivants :

> « *Dans la société traditionnelle tout comme dans la société moderne, le nom est considéré comme l'ombre, l'image de la personne et fait partie intégrante de son être, il est une modalité de la parole et se trouve englobé dans la même symbolique. Il intègre l'individu dans l'union de la famille terrestre visible et ancestrale invisible. Il fait de l'individu un membre d'une communauté et l'identifie en lui reconnaissant une identité propre au sein de la société* »[18].

Que dire de l'origine du nom ?

2. Origine du nom

En Afrique noire, les noms des personnes sont d'origines diverses. Ces noms sont d'inspiration profane ou religieuse : croyances, naissances difficiles, superstitions, etc. Dans ce dernier cas, les noms ont tendance à avoir un lien avec les circonstances qui entourent la naissance.

S'agissant particulièrement des circonstances qui entourent la naissance, le nom « *Khasa* » donné au premier Président de la République Démocratique du Congo en est un exemple éloquent comme le montre le récit de Charles – André

[18] Laurianne LUABO, *Droit coutumier*, éd. Laurianne, Paris, 2020, p.13

Gilis dans son ouvrage intitulé « *Kasa – Vubu au cœur du drame congolais* »[19]. Il écrit en effet :

> *« Le spectacle qui s'offre à nos yeux ne manque pas de terrible grandeur. Le village fait cercle autour d'un homme apparemment impassible. Cet homme a résolu d'en appeler à la mort. Il l'a appelée à lui pour qu'elle le justifie, le rende à l'innocence, à la vérité et à sa force, aux yeux de tous. Le chef du village s'approche, dans le vêtement de sa fonction, tissu rouge orné de plumes. Il tend à l'homme le breuvage de son jugement. C'est un peu d'eau mêlée de casque, poison mortel tiré d'une écorce. Cette écorce s'appelle Kasa, d'où le casque tire son nom.*
>
> *L'homme boit. Un frémissement agite l'assemblée. Son épouse est présente, qui assiste à l'épreuve, entourée de ses compagnes. Une angoisse l'étreint, car elle est sur le point d'être mère.*
>
> *L'homme a bu. Il ne faut plus qu'attendre. Le chef sait seul l'issue de l'épreuve, lui qui a disposé la quantité de poison et peut être ajouté quelque antidote.*
>
> *Le soleil est déjà monté haut dans le ciel quand les premiers vomissements se produisent. C'est bon signe, et l'homme a lieu de se réjouir de son mal. Il vomira par longs accès, toute la journée, jusqu'au soir.*
>
> *A la nuit tombante, sa femme ressent les premières douleurs. Elle quitte le village et s'éloigne, aidée par ses compagnes. L'homme n'a pas le loisir de la suivre, car il faut qu'on le surveille, s'assurer qu'il ne triche pas avec la mort. S'il la suivait, son départ même parlerait contre lui. Le chemin est difficile qui mène la future mère à sa demeure*

---

[19] Charles – André GILIS, *Kasa–Vubu au cœur du drame congolais*, éd. Europe-Afrique, Bruxelles, 1963, pp 15-17

retirée et solitaire. On l'aide dans la nuit à descendre le sentier escarpé qui conduit à la Nionzi. On la soutient pour franchir la rivière, pour gravir la pente raide qui mène à sa maisonnette. Elle y entre. L'accouchement sera long et difficile. Après de longues heures, passé le cœur de la nuit, elle mettra au monde un enfant à la peau claire.

Pour son époux, l'aube qui vient est une aube glorieuse, car elle assure sa victoire. Il a proposé l'épreuve et il l'a surmontée. Il est pur désormais des accusations secrètes que l'on portait contre lui. Il est réintégré dans son innocence et dans la plénitude de sa force. Il a bravé la mort et la mort a rappelé qu'il était brave. Les tambours battent, que frappent des mains joyeuses. L'homme se met à danser, car il faut que son corps même exprime son triomphe. Une chaleur de vie doucement l'envahit, et voilà qu'une ivresse le saisit. Il chante :

- *Buambula mbeleka mbekieleo... ils m'ont soupçonné ! Ils m'ont forcé à prendre le poison ! Mais j'ai passé l'épreuve sans faillir !*

L'homme danse. Il s'écrie :

- *Désormais, vous me nommerez Kundi. Pourquoi ? Parce que le proverbe dit : « Kundi ditibuka mu Nionzi : Je suis le fruit tombé dans la rivière Nionzi », c'est-à-dire le fruit mauvais qui devait causer ma mort est tombé dans la rivière.*

Les tambours battent ; l'homme chante et danse son ivresse. Plus tard, il descend à son tour vers la Nionzi, franchit la rivière et monte vers sa case. Il entre. A la vue de l'enfant, sa joie se renforce, l'émotion le saisit. Il dit :

- *En mémoire de ce jour où j'ai subi cette épreuve terrible, je t'appelle Kasa.*

Vubu était le nom de cet homme et Kasa fut désormais le nom de l'enfant.

Car Kasa signifie poison.

Kasa signifie l'épreuve.

Kasa signifie le jugement ».

Se situant sur le même registre que Charles – André Gilis, Cornevin[20] renchérit l'analyse comme suit :

> *« La société où naît l'Africain Noir non encore colonisé est dans l'ensemble une société paysanne, vivant en régime d'autosubsistance, sans communication notable avec l'extérieur. Dans une pareille société, les changements sont très rares. Cette stabilité explique, en grande partie la permanence des rites d'éducation dans l'Afrique Noire traditionnelle. Ce qui définit l'éducation dans cette culture, c'est son caractère collectif et social. En effet, dès la naissance, l'enfant est considéré comme un chaînon de la lignée qui le rattache aux ancêtres fondateurs et dont il assure la continuité. Le nom qu'il a reçu quelques jours après sa venue au monde est le nom propre de sa lignée. Il lui procure son identité, le détermine par rapport à l'univers, aux forces mystérieuses qui l'habitent et par rapport aux autres hommes ».*

Il me semble important de rappeler les caractéristiques du nom.

3. Caractères du nom

Les analyses qui précèdent de la notion et de l'origine des noms donnent déjà quelques indications en ce qui concerne les caractères des noms.

---

[20] CORNEVIN, R., *Le Zaïre*, P.U.F, Paris, 1977, p.107.

En complément à ce que nous avons déjà dit, l'on admet que le nom en droit coutumier comporte quatre caractères : il est magico-religieux, instable, inaliénable et intransmissible.

1° Le nom est magico-religieux

L'attribution du nom peut être tributaire des circonstances dans lesquelles l'enfant naît. Cet aspect vient d'être documenté par les circonstances qui ont entouré la naissance du Président Kasa - Vubu.

On peut aussi noter que dans les sociétés traditionnelles, l'attribution du nom était suivie d'un sacrifice ou d'une offrande aux ancêtres. Dans ce cas, on faisait appel aux prêtres ou aux devins pour déceler le pouvoir et l'efficacité des noms.

Que retenir de l'instabilité du nom ?

2° Le nom est instable

Dans la coutume, le nom peut changer lorsqu'on constate que celui que l'on a est porte malheur. Ce changement est souvent d'ordre sociologique et magique.

Toutefois, il faut retenir que les noms ancestraux, dynastiques et symboliques demeurent immuables. Car, les changer serait s'attirer une vengeance divine.

En quoi le nom est-il inaliénable ?

3° Le nom est inaliénable

Le nom, étant le signe permanent, l'image, la copie la plus fidèle de la personnalité, ne peut être aliéné.

Il ne faut pas voir dans l'hypothèse de l'homonyme une aliénation du nom mais plutôt un simple dédoublement du nom. C'est aussi le cas soit du patronyme, nom de famille transmis par le père ou de matronyme, nom de famille transmis par la mère ; soit du nom patronymique, nom commun à tous les descendants d'un même ancêtre illustre (exemples : les

Mérovingiens, descendants de Mérovée, les Kimbangu descendants du prophète Simon Kimbangu).

Ce qu'il faut bien voir, le nom est intransmissible comme je l'éclaire dans les lignes qui suivent.

4° Le nom est intransmissible

Chacun porte son nom, ce dernier ne se transmet pas automatiquement à une descendance.

Il est important de rappeler l'attribution du nom au point suivant.

4. Attribution du nom

Globalement, nous distinguons deux modes d'attribution : dans les naissances normales ou ordinaires et dans les naissances extraordinaires ou mystérieuses. L'économie des articles 59-61 du code de la famille traduit l'expression de cette culture.

1° Naissances normales ou ordinaires

En coutume, lorsqu'un enfant naissait, ses parents (père et mère) se réunissaient pour délibérer sur le nom à donner à leur descendant.

Une fois le nom trouvé, il était proposé aux autres membres de la famille qui devaient approuver. Si le nom est adopté, il sera attribué à l'enfant. Cependant, dans certains cas, c'est le chef du clan qui choisissait le nom à donner à l'enfant.

Comment les choses se passaient lors des naissances extraordinaires ou mystérieuses ?

2° Naissances extraordinaires ou mystérieuses

Dans les circonstances extraordinaires ou mystérieuses, le rôle du père et de la mère s'efface dans l'attribution du nom au profit du patriarche du clan.

Parmi les circonstances extraordinaires ou mystérieuses, l'on peut citer les jumeaux, les grossesses sans menstrues, les enfants qui sortent de l'utérus par les pieds au lieu de la tête, etc.

L'intervention du patriarche du clan dans l'attribution du nom est justifiée ici par le fait qu'il est censé connaitre le secret des noms. Notons en plus que l'attribution du nom à l'enfant par le patriarche du clan est entourée de plusieurs rites.

Je reviens aux fiançailles dans les lignes suivantes.

2. Les fiançailles

En droit coutumier, il est difficile de faire un distinguo net entre le mariage et les fiançailles parce que la frontière est généralement floue. Mais, la précarité des fiançailles constitue un critère de distinction.

L'âge ou le moment où les fiançailles peuvent se nouer varie d'une coutume à une autre. Souvent les fiançailles se contractent dès la nubilité. Elles se réalisent à bas âge et même parfois avant la naissance.

Retenons que les fiançailles sont une phase initiatique, préparatoire à la vie conjugale effective. Elles favorisent la bonne conduite des filles, lesquelles sont tenues d'arriver vierges au toit conjugal. La conclusion des fiançailles comporte obligation de fidélité pour la fiancée, d'aide et d'assistance mutuelle et de stage éventuel.

Pour sa formation, le mariage, but des fiançailles, doit réunir certaines conditions qui sont de fond et de forme.

1. Les conditions de fond

En guise de conditions de fond, nous passerons successivement en revue les conditions suivantes : l'endogamie, l'exogamie, la différence des sexes, l'âge, le consentement, la dot et la viduité.

1° L'endogamie

Elle est une règle qui oblige un individu à choisir son conjoint à l'intérieur de son propre groupe. Ainsi, on peut distinguer l'endogamie clanique, l'endogamie tribale, l'endogamie ethnique et l'endogamie casuelle, celle qui est accidentelle.

On recourt à ce type de mariage pour plusieurs raisons parmi lesquelles on cite :

a. Eviter qu'un étranger ne vienne vider le lignage et emporter les femmes ;

b. Eviter que la femme ne se disperse;

c. Eviter que la femme ne rembourse pas la dot lorsqu'on est pauvre.

Il y a aussi l'exogamie comme condition de fond comme je l'éclaire au point suivant.

2° L'exogamie

C'est le système qui contraint un individu à choisir son conjoint en dehors du groupe auquel il appartient. A travers l'exogamie, on évite l'inceste et la consanguinité.

Aux deux conditions précitées, s'ajoute la différence des sexes.

3° La différence des sexes

Les futurs époux doivent absolument être de sexe hétérogène, c'est-à-dire un homme et une femme.

La philosophie bantue répugne au mariage homosexuel ou des lesbiennes considéré comme une dépravation des mœurs, une déformation psychologique, d'autant plus que l'un des buts primordiaux du mariage est la procréation.

On tient aussi compte de l'âge comme je le fais observer au point suivant.

4° L'âge

L'âge du mariage varie d'une coutume à une autre : généralement, il se situe entre 14 et 18 ans pour la jeune fille et entre 15 et 21 ans pour le jeune homme.

Que dire du consentement ?

5° Le consentement

Le consentement advient sous deux aspects, à savoir : le consentement des futurs époux et celui des parents.

a. Consentement des futurs époux

Il est l'une des conditions pour la validité d'un mariage. Il est indispensable et joue un rôle important tant dans le chef de l'homme que dans celui de la femme.

b. Le consentement des parents

Le consentement des seuls époux ne suffit pas. Il doit être doublé de celui des parents. Car le mariage coutumier est une affaire des familles de l'homme et de la femme, une alliance entre deux familles.

Ce consentement est nécessaire pour la validité du mariage et pour l'épanouissement et la prospérité du couple. Autrement, le nouveau foyer ne connaîtrait que des malédictions, des malheurs, etc.

Tout en gardant sa dimension symbolique, la dot est la matérialisation ou la concrétisation des liens du mariages. C'est la matrice du point suivant.

6° La dot

Elle est en fait la manifestation extérieure du consentement entre deux familles. Elle joue un rôle compensatoire pour la perte subie d'unité familiale dans le chef de la femme. Elle légitime la filiation des enfants et marque leur appartenance à la famille du mari de leur mère.

Que retenir sur la viduité ?

7° La viduité

La coutume exige l'observance d'un certain délai après la dissolution du mariage par décès ou par divorce avant que la femme ne puisse s'engager dans un second mariage. C'est, entre autres, pour éviter d'emporter dans ce nouveau mariage, un ou des enfants dont le père serait le mari précédent que cette pratique a été instituée.

Quelles sont les conditions de forme ?

2. Les conditions de forme

En ce qui concerne les conditions de forme, nous en abordons trois : le stage de la future épouse dans la famille du futur époux, la pratique des rites prénuptiaux et la célébration définitive du mariage.

a. Le stage de la future épouse

C'est une période de test qui doit conduire à la conclusion définitive du mariage. En cette période, la stagiaire est soumise à des exercices pour tester sa capacité de tenir un ménage, son degré d'honnêteté, de fidélité, d'assiduité au travail, pour découvrir si elle n'est ni voleuse ni sorcière.

Que dire de la pratique des rites prénuptiaux ?

b. La pratique des rites prénuptiaux

Cette étape est consacrée à l'organisation des différents rites initiatiques, lesquels sont destinés à assurer le succès, la prospérité, la réussite de la vie conjugale des futurs époux.

Parmi ces rites, l'on peut citer l'initiation à la vie sexuelle, l'initiation à la vie d'épouse, l'initiation à la vie de ménagère, etc.

Comment le mariage est-il célébré définitivement ?

c. La célébration définitive du mariage

Elle varie d'une coutume à une autre. Mais ce qui est commun à toutes les coutumes de la République Démocratique du Congo est que cette célébration ne peut avoir lieu qu'après le versement de la dot et l'accomplissement du culte prénuptial, après lesquels on fixe la date de cette célébration définitive du mariage.

§ 3. Le mariage

Pour la clarté de notre exposé purement didactique, nous avons divisé ce point en trois sous points. Il s'agit de la notion, des sortes et des effets du mariage.

1. Notion du mariage

Le dictionnaire donne la définition suivante du mariage : « *acte solennel par lequel un homme et une femme établissent entre eux une union dont les conditions, les effets et la dissolution sont réglés par les dispositions juridiques en vigueur dans le pays* ».

Notons cependant, qu'il existe une multitude des définitions concernant le mariage. Retenons d'abord celle de SOHIER selon laquelle :

> « *Le mariage en droit coutumier congolais est la combinaison d'un contrat entre deux personnes de sexes différents, créant entre elles une société de vie, des droits et des devoirs réciproques, et d'un contrat entre parentèles rendant cette union opposable aux groupes lui assurant leur appui et légitiment les enfants* »[21]

De cette définition, on peut constater que les époux ne sont pas deux individus isolés. Chacun continue à faire partie de son groupe, avec toute la solidarité, toute la protection assurée généralement aux membres de famille.

Enfin, plus près de nous, nous pouvons retenir ensuite, la définition proposée le Professeur Eddy Mwanzo Idin'Aminye. Pour cet auteur : « *Le mariage, dit l'article 330 du code de la famille, est l'acte civil, public et solennel par lequel un homme et une femme qui ne sont pas engagés ni l'un ni l'autre dans les liens d'un précédent mariage enregistré, établissent entre eux une union légale et durable dont les conditions de formation, les effets et la dissolution sont déterminés par la loi* »[22].

L'on peut essentiellement noter qu'il ressort de la définition du mariage donnée à l'article 330 du code de la famille que le mariage a un caractère public, civil et solennel.

---

[21] SOHIER, A., *Droit civil du congo belge*, CI, Maison Larcier, Bruxelles, 1985.

[22] MWANZO Idi'Aminye E, *Cours de Droit Civil*, 6ème édition, 2015-2016.

Il est important de rappeler les sortes de mariage au point suivant.

2. Sortes de mariage

Il y a trois sortes de mariage : la monogamie, la polygamie et la polyandrie.

1° La monogamie ou le mariage monogamique

Ce mariage est la forme la plus ancienne. La preuve de l'existence de la monogamie dans la société traditionnelle de notre terroir est principalement illustrée par la pratique des pactes d'indissolubilité du mariage.

En effet, il en est ainsi des coutumes où le mariage fait entrer définitivement la femme dans la famille de son mari, à tel point que ce mariage demeure indissoluble. Même après la mort du mari, la veuve reste au foyer conjugal grâce au système de lévirat, si bien qu'elle peut être prise par le propre fils du défunt, dans l'hypothèse où celui-ci n'a pas de frère.

Que dire du mariage polygamique ?

2° La polygamie ou le mariage polygamique

La polygamie est le fait pour un homme d'être marié en même temps à plusieurs femmes. Cette sorte de mariage est fréquente dans la société traditionnelle congolaise en général.

La polygamie se subdivise en deux catégories : la grande polygamie et la petite polygamie. On parle de la grande lorsqu'un homme est marié à plus de dix épouses, et de la petite lorsqu'un homme est marié à dix épouses tout au plus.

Dans une monographie intitulée « *Les 21 valeurs de base de la culture Kongo* », Adolphe Mbambi Yabu, grand chef coutumier Matsundi Na Kongo, chef de groupement de Madinga/ Tshela (Kongo Central), Coordonnateur National de l'OCCN/ ASBL et initiateur du Centre de la langue et de la culture Kongo (CLCK), explique largement et avec passion la polygamie de la manière suivante :

« La polygamie quant à elle était réglementée et organisée de manière à protéger les droits de chaque membre du foyer. L'Etat colonial ayant refusé de reconnaître le mariage polygamique, le tribunal coutumier ne savait plus suffisamment protéger les droits des coépouses. Les Eglises chrétiennes l'ont condamnée. Le complexe de culpabilité du polygame est né. On a commencé à cacher les secondes épouses : deux foyers, deux vies, des enfants qui ne grandissent pas ensemble, ne s'estiment pas, ne se connaissent pas, se connaissent peu ou parfois pas du tout… L'hypocrisie, « le levain des pharisiens », s'est développée dans ce secteur avec la débauche de tous les âges, la prostitution institutionnalisée, l'adultère faiblement et hypocritement décriés (« chacun hennit après la femme de son frère » la Bible), les avortements criminels, les meurtres pour libérer les mariés ou se libérer d'une union devenue gênante, etc. Nous avons le SIDA maintenant, un fléau social qui dit long sur la valeur des mœurs qui l'ont produit… »[23]

Et en sa qualité de Chef de groupement, de grand Chef coutumier, Adolphe Mbambi Yabu donne quelques proverbes et adages applicables dans les circonstances qu'il a décrites[24] :

- « *Diba di nkisi ku mbusa nzo* ». *Littéralement* : « *Un palmier à vin-fétiche, alors il se trouve derrière la maison* ».

  Traduction interprétative : « *Tu te vantes que tu ne peux te passer journellement du vin de ton palmier préféré : c'est parce qu'il se trouve derrière ta maison, pas en brousse ou*

---

[23] MBAMBI Yabu, A., *Les 21 valeurs de base de la culture Kongo, Organisation pour la Culture et la Cohésion Nationale* (OCCN/ASBL), Kinshasa, 2019, pp. 19-20.
[24] *Idem*, pp 20-21

dans la forêt ! ». D'où une épouse proche vaut mieux qu'une maitresse éloignée.

- *« Nkodo meme ba tota ba lambila makangu : lusadusu va buala » (le mouton crevé a trouvé une preneuse qui l'a préparé pour son amant : c'est une aide pour le village).*
- *« Khamba widi kakata, tunga nzo bikele biole » ; (Alors! Il paraît que tu es adulte, construis-toi une maison avec deux nervures centrales du palmier).*
- *« Nene ku busu : m'bungi » ; (Il y a une face dodue (ou bonne mine) ! C'est le brouillard qui te trompe).*
- *« Malu ma ya ku mbuka : nkanu » (Quatre jambes dans un même lit, c'est un procès en perspective).*
- *« Vunga di zingulu mvumbi : disiedi diaku ko » (« La couverture qui a servi de linceul au cadavre ne t'appartient plus (il faut l'oublier) »).*

Il me semble important de signaler certaines pratiques polyandriques au point suivant.

3° La polyandrie ou le mariage polyandrique

La polyandrie est le système de mariage qui permet à la femme d'avoir plusieurs maris. ; il est très rarement ou sinon jamais rencontré dans la coutume ou droit coutumier kongo, mais cette pratique a existé (et continue à exister) dans la partie orientale de la République Démocratique du Congo.

Que retenir des effets du mariages et les conséquences de la vie sociales ?

3. Les effets du mariage

Le législateur congolais a formulé les effets du mariage dans les articles 453 à 472 du code de la famille. Il reconnait et impose aux deux époux indifféremment les mêmes droits et devoirs mutuels : cohabitation, fidélité, soins et assistance, respect et affection.

Le Professeur Eddy Mwanzo Idn'Aminye cité plus haut parle de deux grands types des effets du mariage : des effets extrapatrimoniaux et des effets patrimoniaux. Dans notre étude, le caractère d'une initiation obligeant, nous allons parler indistinctement des quatre effets du mariage : le ménage, les droits et devoirs conjugaux, les régimes matrimoniaux et la dissolution.

1° Le ménage

Le ménage crée le mariage, lequel est essentiellement constitué des époux, de leurs enfants et d'autres parents à leur charge. Par autres parents, il faut entendre toute personne qui est de la famille des époux, qui vit ensemble avec eux.

Dans le ménage, le mari est le chef ; la femme lui doit obéissance et respect.

Il me faut rappeler les droits et les devoirs conjugaux dans les lignes qui suivent.

2° Les droits et devoirs conjugaux

Notons avant toute chose qu'il y a une corrélation entre droits et devoirs conjugaux en ce sens que ce qui est un droit pour la femme, s'analyse en un devoir pour l'homme et vice-versa.

Pour le besoin de la cause, nous avons listé quatre droits et devoirs que nous analysons sommairement : la cohabitation, la fidélité, le secours et l'assistance.

a) La cohabitation

Comme nous l'avons expliqué dans les précédentes lignes, la procréation étant le but primordial du mariage, les époux doivent cohabiter pour la consommation du mariage sous peine de divorce.

Ceci voudrait simplement dire que les époux se doivent avoir des rapports sexuels normaux puisque l'impuissance et la stérilité occasionnent inévitablement la rupture du lien conjugal.

Notons que la fixation du lieu de cohabitation, le domicile ou la résidence, se trouve justifié par le système familial, patrilinéaire ou matrilinéaire, et par la forme du mariage monogamique ou polygamique.

La fidélité est requise dans le mariage qu'il convient de signaler.

b) La fidélité

Le devoir de fidélité est sacré en droit coutumier. Ce devoir est réciproque entre mari et femme. Cependant, ce devoir de fidélité est atténué dans le régime polygamique où il est permis à l'homme d'avoir des rapports sexuels avec d'autres femmes.

En coutume, l'infidélité est sanctionnable et sanctionnée. Dans un aspect que l'on peut considérer pénal, la coutume inflige à la femme infidèle et à son complice des sanctions très sévères tels que l'écartement des jambes, l'exposition au soleil, le ficelage des parties génitales, l'amputation, etc. Et, dans un cadre civil, le complice est en outre condamné au paiement des indemnités. L'adultère du mari n'est réprimé que lorsqu'il est entouré de circonstances aggravantes telles que l'inceste, la souillure du lit conjugal.

Il y a aussi le devoir de secours à rappelcr.

c) Le secours

Le devoir de secours revêt un caractère essentiellement matériel, économique ou financier. Les époux contractent chacun cette obligation et subviennent aux besoins du conjoint et des enfants.

L'assistance s'avère indispensable dans lemariage.

d) L'assistance

Les époux doivent s'assister dans les épreuves, dans les maladies. Cette assistance, et même d'ailleurs le secours, ne se limite pas aux seuls époux, mais s'étende également aux familles alliées, c'est-à-dire famille du mari et celle de la femme.

Quels sont les régimes matrimoniaux importants qu'il convient de signaler ?

3° Les régimes matrimoniaux

Le droit écrit prévoit trois régimes matrimoniaux à savoir la séparation des biens, la communauté des biens réduite aux acquêts et la communauté universelle.

Il y a lieu d'affirmer que la majorité des coutumes organisent cette matière et optent pour la séparation des biens. Ceci reste justifié par le fait que, dans les sociétés traditionnelles, la femme ne pouvait rien avoir puisqu'elle ne travaillait pas si ce n'est qu'aux travaux champêtres qui, d'ailleurs, étaient effectués pour le compte de son mari.

Dans quelles conditions est admise la dissolution du mariage ?

4° La dissolution du mariage

Il y a deux motifs pour lesquels le mariage se dissout : le décès et le divorce.

a) Le décès

Il est la cause naturelle de dissolution du mariage. Il produit des effets matrimoniaux qui méritent analyse selon qu'il s'agit du mari ou selon qu'il s'agit de la femme.

- Le décès du mari

Lorsque le mari meurt, la coutume prescrit une cérémonie de libération à l'égard de la femme. Ce culte passe par plusieurs étapes : la purification, l'indemnité de mort, le lévirat.

- La purification

Une femme qui a perdu son mari doit passer par une série de rites pour se libérer de l'effluve (émanation qui se dégage d'un corps organique) de son mari décédé. Exemple : « *Bula kingundu* » (casser la calebasse). Cette purification peut se prolonger jusqu'au quarantième jour appelé communément « *retrait de deuil* » (pratique empruntée au christianisme), si cette cérémonie ne s'est pas passée immédiatement après l'inhumation du défunt. A cette occasion, la veuve reçoit un kit d'habits (un pagne, une blouse, un foulard et une paire de chaussures) pour être libérée de l'effluve de son mari décédé et, en retour elle doit acheter une bête (« *bulu* ») et des nattes (« *biteva* »).

Comment envisage-t-on l'indemnité de mort ?

- L'indemnité de mort

La veuve doit des indemnités de mort aux parents de son ex-mari qui traduisent en général le coût dû à la peine de perdre un être cher, au vide laissé dans sa famille. Ces indemnités sont aussi la marque de sympathie, d'amour, de fidélité, d'attachement, d'affection de la veuve à l'égard de son ex-mari et de sa famille. On appelle ces indemnités « *Minkutu mi bazitu* ». Celles-ci comprennent plusieurs choses parmi lesquelles on peut citer « *Mavunga* » (couvertures), « *Zimbongo* » (argent, « *Tsusu nkabu dibulu* » (un coq pour creuser la tombe), …

Notons que le paiement de ces indemnités conditionne la cérémonie de purification.

Que dire du lévirat ?

- Le lévirat

En droit coutumier, le décès du mari ne dissout pas le mariage en ce sens que la veuve fait partie de l'héritage et reste dans le foyer conjugal du défunt par le système de lévirat. Celui-ci est un système qui consiste à obliger un homme à épouser la veuve de son frère décédé.

En cas de refus de la femme, elle devra rembourser intégralement la dot pour se libérer. Cette pratique est instituée dans l'intérêt de la veuve, des parents de celle-ci et des enfants.

Le décès de la femme entraîne aussi la dissolution du mariage.

- Le décès de la femme

Toutes les considérations que nous avons notées à la mort du mari s'appliquent également au décès de la femme : purification, l'indemnité et sororat.

Le sororat est une institution qui permet au conjoint survivant de prendre en seconde noce, une sœur ou une cousine de son épouse décédée. Le sororat permet aux deux familles déjà longtemps liées par l'affection et la solidarité, de maintenir ces solides liens ; il empêche donc la restitution de la dot et l'abandon des orphelins à leur sort.

Dans quelles conditions intervient le divorce ?

b) Le divorce

Comme on le définit en droit civil, le divorce demeure la rupture du lien conjugal. La coutume quant à elle, consacre, d'une manière générale, deux modes de divorce : pour une cause déterminée et par consentement mutuel.

De plus, le droit coutumier retient plusieurs causes de divorce : tout manquement grave d'un époux à ses obligations conjugales, constitue une cause de divorce et peut l'occasionner.

Pour clore ce point, nous notons que le droit civil ne prévoit qu'une seule cause de divorce, la destruction irrémédiable de l'union conjugale.

Que dire du droit coutumier des biens ?

2.2. Droit coutumier des biens

Dans la société traditionnelle, les ancêtres possédaient des biens qui étaient soit mobiliers soit immobiliers, lesquels appartenaient à un individu ou à la collectivité.

En droit positif congolais, la loi foncière de 1973 régit cette matière. Aux termes de cette loi, à son article 389, il est stipulé que « *les droits de jouissance régulièrement acquis sur ces terres (les terres coutumières) seront réglés par une ordonnance du Président de la République* »[25].

Cependant, cette ordonnance n'ayant jamais été prise en compte, les règles coutumières restent d'application. Pour ce faire, les juridictions de droit écrit et les autorités coutumières recourent aux normes coutumières, pourvu qu'elles n'énervent pas les dispositions écrites, l'ordre public ou les bonnes mœurs.

Le droit de jouissance évoqué par le législateur est un vrai droit de propriété foncière en coutume.

Sous réserve qu'il s'agit ici encore d'une simple initiation au droit coutumier des biens, nous subdivisons cette seconde partie en deux points :

- La propriété individuelle et la propriété collective;
- La propriété mobilière et la propriété foncière.

§ 1. La propriété individuelle et la propriété collective

La propriété collective occupe une place considérable dans la société traditionnelle, surtout en matière foncière et cette société traditionnelle accorde une place très restrictive à la propriété individuelle, personnelle.

Le paragraphe suivant se corse sur la propriété mobilière et foncière.

§ 2. La propriété mobilière et la propriété foncière

1. La propriété mobilière

Il s'agit de tous les objets mobiliers dont les esclaves, du moins dans certaines sociétés précoloniales.

[25] Loi n°73-021 du 20 juillet 1973 portant Régime général des biens, régime foncier et immobilier et régime des sûretés telle que modifiée et complétée par la loi n°80-008 du 18 juillet 1980.

Dans le temps, la propriété mobilière avait un caractère collectif, aujourd'hui elle tend, de plus en plus, à devenir individuelle suite au modernisme : sortie de l'engrenage clanique, libre circulation des personnes et des biens à travers de grands espaces.

Que retenir sur la propriété foncière ?

2. La propriété foncière

Par propriété foncière, il faut entendre le sol et le sous-sol auxquels l'on peut ajouter les immeubles, la chasse et les gros bétails.

Le sol et le sous-sol ne sont pas une création des ancêtres. La question à se poser est celle de savoir comment les ancêtres pourraient en devenir les propriétaires.

Pour répondre à cette préoccupation, il s'avère utile d'analyser les modes d'acquisition de la propriété foncière et ses modes des preuves.

1° Les modes d'acquisition de la propriété foncière

Il y a quatre modes d'acquisition de la propriété foncière : le droit du premier occupant, la donation, l'achat et la conquête armée. La différence entre terre et forêt n'a pas d'importance en droit coutumier. Du reste, la forêt pousse sur une terre.

a. Le droit du premier occupant

Dans la société traditionnelle, le droit du premier occupant était le mode le plus normal pour devenir propriétaire foncier. Il suffit d'être premier occupant pour s'en prévaloir.

Outre le droit du premier occupant, il faut souligner aussi la donation comme d'acquisition d'une propriété foncière.

b. La donation

Par certaines relations qui naissaient entre différents groupes, on pouvait devenir propriétaire foncier.

Parmi ces relations, on peut citer le mariage, le bon voisinage, la compensation, etc.

C'est dans ce sens que l'on dit par exemple pour le Royaume Kongo que les clans « *Phudi* » ont reçu la terre des clans « *Mbenza* », les clans « *Makaba* » ont reçu la terre des clans « *Manianga* », etc. ; parce que telle fille était de leurs clans.

Une propriété foncière peut aussi s'acquérir par l'achat.

c. L'achat

Pour les ancêtres qui étaient encore à la recherche des terres où il fallait s'installer, ils pouvaient devenir des propriétaires fonciers par l'achat : les pouvaient en acheter auprès des premiers occupants.

Notons que cet achat n'était pas seulement par l'argent, mais aussi par des biens en nature comme des hommes, des bêtes, …

Une conquête armée peut conduire à des confiscations des terres.

d. La conquête armée

La guerre n'est pas seulement l'apanage de la société moderne, mais de la société traditionnelle également.

Certains groupes organisés qui n'avaient pas de terres ou qui avaient des terres insuffisantes pouvaient en acquérir par les armes.

Après ces modes d'acquisition, analysons les modes de preuve de cette qualité de propriétaire foncier.

Quelles sont les preuves de la qualité d'un propriétaire foncier ?

2° Les preuves de la qualité de propriétaire foncier

Parmi les preuves, l'on peut citer la possession matérielle de la forêt, les jugements coulés en force des choses jugées et ayant acquis l'autorité de la chose jugée, le témoignage, les limites naturelles, les procès-verbaux administratifs et les vestiges ancestraux.

a. La possession matérielle de la forêt

Elle est aussi dite la maîtrise de la forêt. En fait, pour se dire propriétaire foncier, il faut être à même de prouver qu'on a la maîtrise de cette forêt.

Et la maîtrise de cette forêt se constate par la possession des cultures tant récentes qu'anciennes que l'on a dans cette forêt, la possession des vestiges anciens (cultures pérennes par exemple). Par culture récentes, il faut entendre les champs de manioc, d'arachide, de tarot, etc. récemment cultivés ; tandis que par cultures pérennes, il faut entendre les arbres fruitiers, les bananiers, etc. S'agissant des vestiges, il faut entendre les signes ancestraux tels que « *Mabulu ma zieta* » (trou utilisé jadis pour extraire l'huile de palme), « *Nsasi* » (Cimetière où on enterait les autorités), les cimetières ancestraux ordinaires, etc. Il s'agit de la notion de l'effectivité sur l'espace.

Que dire des jugements coulés en force des choses jugées ?

b. Les jugements coulés en force des choses jugées. Les jugements demeurent des preuves par excellence de la qualité de propriétaire foncier en ce que les jugements demeurent une loi.

Par jugement coulé en force des choses jugées, il faut entendre celui qui n'est plus susceptible d'un recours ordinaire, c'est-à-dire l'appel ou l'opposition[26].

Par autorité de la chose jugée, il faut entendre une présomption de vérité que la loi attache à ce que le juge a décidé.

Retenons au passage que les délais de recours en droit coutumier, demeurent les mêmes que ceux en droit civil ; et ceci est simplement justifié par le fait que le droit coutumier n'est en fait qu'une partie de celui-ci.

---

[26] KATUALA Kaba Kashala J.M., *La preuve en droit congolais* (Textes, jurisprudence et doctrine), éd. Batena Ntambua, Kinshasa 1988, p.45.

Ainsi, en cas de jugement contradictoire, le délai d'appel est de 30 jours francs et en cas d'un jugement par défaut, le délai est de 15 jours francs et ce, conformément au code de procédure civile, en ses articles 61 et 67[27].

Par ailleurs, lorsqu'on parle de délai franc, le jour de la signification du jugement et le dernier jour du recours ne comptent pas. Toutefois, une partie condamnée par défaut peut directement interjeter appel et bénéficier ainsi de 45 jours francs. Cependant, il sied de distinguer les effets d'un jugement répressif de ceux d'un jugement civil ou coutumier.

En effet, un jugement civil n'a d'effets qu'entre les parties au procès et ne peut donc être opposé qu'à celui qui a été partie audit procès. Tandis qu'un jugement pénal produit ses effets à l'égard de tous (effets erga omnes) ; il peut être opposé même des non – parties au procès.

Cette différence produit un impact sur la force probante de chacune des catégories de ces jugements.

Il y aussi la place du témoignage à relever.

c. Le témoignage

Il demeure un autre mode des preuves par excellence par lequel se prouve la qualité de propriétaire foncier.

Il en est ainsi parce que dans la société traditionnelle, l'écrit n'existant pas, la seule façon par laquelle on pouvait apporter la preuve de ses allégations était le témoignage.

Il s'agit des dépositions d'anciens du milieu, considérés comme bibliothèques, des membres de clans voisins ayant assisté à l'investiture, des voisins limitrophes, des membres des lignées sœurs, etc.

Cependant, il sied de considérer avec beaucoup de circonspections la valeur de certaines dépositions qui ne

---

[27] *Code de procédure civile.*

peuvent être paroles d'Evangile. Le témoignage doit être bien analysé.

Les limites naturelles ont une importance pour la détermination d'une propriété foncière comme je le relève au point suivant.

d. Les limites naturelles

Par limites naturelles, il faut entendre, des signes auxquels les parties litigantes se réfèrent pour démontrer ou stigmatiser les contours exacts de leurs patrimoines fonciers, leur qualité de propriétaire du patrimoine foncier querellé.

Parmi ces signes, l'on peut citer les cours d'eau ou rivières, les gros arbres, les grosses pierres, les ravins, les versants, les montagnes, etc.

Il me faut signaler l'importance des procès-verbaux.

e. Les procès-verbaux administratifs

Il existe, en principe, dans des bureaux administratifs des secteurs et des territoires des procès-verbaux qui renseignent sur les limites des territoires et des secteurs. Ces procès-verbaux aident donc les parties litigantes des villages, des secteurs, des territoires différents, à défendre leurs patrimoines fonciers en cas de conflit.

Ces procès-verbaux renferment une preuve importante en ce sens qu'ils ont été signés contradictoirement par les notables des secteurs et des territoires frontaliers et rédigés par le colon blanc. Sieurs J. Hofkens, Bodson, Cuvelua, Torder, Nauwelaert... sont un exemple vivant et patent parmi tant d'autres.

Cependant, la preuve par les limites administratives est fragile en ce qu'il arrive parfois que le patrimoine foncier d'une famille s'étende entre deux entités.

Parmi les procès-verbaux, ceux de remise de ristourne de coupe de bois par les sociétés forestières sont d'importantes preuves.

Que retenir des vestiges ancestraux ?

Conclusion : les vestiges ancestraux

Déjà cités comme preuve dans la possession matérielle de la forêt, les vestiges ancestraux sont des signes laissés par les ancêtres comme « *Mabulu ma zieta* » (trou qui servait pour extraire l'huile de palme), « *Nsasi* » (cimetière où on enterait des autorités coutumières), des cimetières ancestraux ordinaires, des sites des anciens villages, des arbres ancestraux tels que des palmiers spéciaux, de vieux « *safoutiers* » desquels on cueillait des fruits réservés uniquement aux autorités, de vieux Colatiers, « *Lala* » (endroit situé dans la forêt servant d'entrepôt des récoltes et de lieu pour déguster le vin de palme), etc.

Il convient à présent d'envisager dans les pages suivantes les textes fondateurs du pouvoir coutumier en République Démocratique du Congo.

Chapitre III

Des textes fondateurs du pouvoir coutumier en République Démocratique du Congo

Ce chapitre a pour pierre de touche des textes fondateurs du pouvoir coutumier en République Démocratique du Congo.

La frontière plus ou moins floue et fluide entre la culture orale et les écrits vient apparemment d'être atteinte et franchie avec le chapitre II qui a traité quelques aspects du droit coutumier. Avec ce chapitre, nous voilà donc de plain-pied dans le chapitre trois qui parlera de deux textes fondateurs du pouvoir coutumier en République Démocratique du Congo.

Ce chapitre donne ensuite in extenso les deux textes (parmi d'autres) suivants :

1) Note circulaire n°001/CAB/MIN/AFF-COUT/GMP/dnk/2017 ;
2) Loi fixant le statut des chefs coutumiers.

3.1. Note circulaire N°001/CAB/MIN/AFF-COUT/GMP/dnk/2017

République Démocratique du Congo
Kinshasa, le 13SEPT. 2017
Ministère des Affaires Coutumières
Le Ministre

Transmis copie pour information à :

- Son Excellence Monsieur le Président de la République, chef de l'Etat (avec l'expression de mes Hommages les plus déférents)

Palais de la nation;

- Honorable Président de l'Assemblée Nationale ;
- Honorable Président du Senat.

Palais du Peuple

- Son Excellence Monsieur le Premier Ministre, Chef du Gouvernement (Avec l'assurance de ma haute considération).

Hôtel du Gouvernement

- Son Excellence Monsieur le Vice - Premier Ministre, Ministre de l'Intérieur et Sécurité. (avec l'assurance de ma haute considération) ;
- Monsieur le Ministre d'Etat, Ministre de la Décentralisation te Réformes Institutionnelles. (Avec l'assurance de ma haute considération) ;
- Monsieur le Secrétaire Général à la décentralisation ;
- Monsieur le Secrétaire Général à l'Intérieur ;
- Monsieur le secrétaire Général aux Affaires Coutumières.

(Tous) à Kinshasa Gombe

Objet : Procédures en cas de A Mesdames et Messieurs les Gouverneurs

Vacance de pouvoir de Province (Tous)

coutumier

Mesdames et Messieurs les Gouverneurs,

Il me revient de constater que bien des dossiers de demande de reconnaissance de pouvoir des Chefs Coutumiers sont entachés de plusieurs irrégularités qui sont sources des conflits et sont souvent transmis par des voies non autorisées.

Pour remédier à cette situation, je vous rappelle les dispositions des articles 12 à 17 de la loi n°15/015 du 25 août 2015 fixant le statut des Chefs Coutumiers ; de l'article 10 de l'Ordonnance n°81-067 du 07 mai 1981 portant règlement d'administration relatif au respect de l'autorité hiérarchique ainsi que toutes les dispositions de l'Arrêté n°006/CAB/MIN/AFF-COUT/GMP/AS/nmr/2017 du 01er juillet 2017 modifiant et complétant l'Arrêté n°004/CAB/MIN/AFF-COUT/2017 du 11 mars 2017 portant création, composition, organisation et fonctionnement des Commissions Consultatives de Règlement des Conflits Coutumiers qui doivent être de stricte application.

L'article 7 et le dernier alinéa de l'article 32 de la Loi n°15/015 précitée prévoient quatre (4) cas d'ouverture de la succession :

1. Décès ;
2. Abdication ;
3. Empêchement définitif ;
4. Déchéance conformément à la coutume locale et/ou celle consécutive à la condamnation définitive à une peine

privative de liberté supérieure à 3 mois pour infraction intentionnelle.

De ce qui précède :

1. S'agissant des requêtes relatives à la reconnaissance des Chefs de Chefferie et de Groupement :
   - Seul le Gouverneur de Province est habilité à solliciter en faveur de ces derniers l'arrêté de reconnaissance auprès de mon Ministère.
2. S'agissant des requêtes relatives à la reconnaissance du Chef de Village :
   - Seul le Chef de Chefferie/Secteur est habilité à solliciter la décision de reconnaissance auprès de l'Administrateur de Territoire ;
   - Seul le Chef de Groupement incorporé est habilité à solliciter la décision de reconnaissance auprès du Bourgmestre.
3. S'agissant de vacance du pouvoir coutumier dans une chefferie, Groupement ou groupement incorporé et Village :
   - Pour la Chefferie, seul le Secrétaire administratif de la Chefferie avise par écrit le Gouverneur ou son Délégué ;
   - Pour le Groupement ou Groupement incorporé, seul le notable attitré avise par écrit le Chef de Secteur/chefferie ou le Bourgmestre ;
   - Pour le Village, seul le notable attitré avise le Chef de Groupement.

Document à remplir : *Cfr Doc A : lettre de vacance de pouvoir coutumier.*

4. Le constat de vacance de pouvoir coutumier doit faire l'objet d'un Procès-verbal à dresser sur le lieu de la vacance par :

- Le Gouverneur de province ou son Délégué pour la Chefferie ;
- Le Chef de Secteur/Chefferie ou le Bourgmestre pour le Groupement ou Groupement incorporé ;
- Le Chef de Groupement ou Groupement incorporé pour le Village.

Document à remplir : Cfr Doc B : *procès-verbal de constat de vacance du pouvoir coutumier.*

En sus du Procès-verbal de constat de vacance, les mêmes autorités ci-haut citées dressent les procès-verbaux ci-après :

- D'authenticité de l'arbre généalogique (document à remplier : Doc C) ;
- D'audition des membres de la famille régnante du prétendant ayant droit à la succession (document à remplir : Doc D) ;
- De témoignage, selon le cas des Chefs de chefferie, des Chefs de Groupement, des Chefs de Village et des Notables voisins (document à remplir : Doc E) ;
- De proclamation du Chef désigné conformément à la coutume locale (document à remplir : Doc F).
- Pour la reconnaissance du nouveau Chef Coutumier, le dossier devra contenir les éléments ci-après :
- Acte de création justifiant l'existence de l'entité (Arrêté royal, Ordonnance Présidentielle ou Décret du Premier Ministre, le rapport de la conférence régionale sur l'identification et la

certification des entités de base pour la Chefferie ou Groupement de fait) ;

- Le rapport complet auquel sont joints les procès-verbaux ci-haut cités, est établi par le délégué du Gouverneur pour la Chefferie, par le Chef de Secteur/Chefferie ou le Bourgmestre pour le Groupement ou Groupement incorporé et par le Chef de Groupement pour le Village.

Ce rapport est par la suite envoyé à l'autorité hiérarchique directe afin d'être transmis avec des avis et considérations selon le cas, au Gouverneur de Province ou à l'Administrateur de Territoire.

1° Le Gouverneur de Province sollicite la reconnaissance par voie d'Arrêté Ministériel du nouveau chef de Chefferie ou Chef de Groupement en transmettant le dossier complet au Ministère des Affaires Coutumières assorti de ses avis favorables.

Tout dossier, complet soit-il, mais qui ne se serait pas conformé à cette instruction sera non éligible.

2° Quant aux différents conflits coutumiers, les Provinces, les Secteurs et les Chefferies sont dotés, conformément à l'article 36 de la loi n°15/015 du 25 août 2015 fixant le statut des chefs Coutumiers, des Commissions consultatives de règlement des conflits de pouvoir coutumier dans leurs entités respectives.

Les modalités de la mise en place et du fonctionnement desdites commissions sont fixées par l'Arrêté n°006/CAB/MIN/AFF-COUT/GMP/AS/nmr/2017 du 1er juillet 2017 modifiant et complétant l'Arrêté n°004/CAB/MIN/AFF-COUT/2017 du 11 mars 2017 portant création, composition, organisation et fonctionnement des Commissions Consultatives de Règlement des conflits coutumiers (documents administratifs à utiliser et à renvoyer au Ministère des Affaires Coutumières : CCRCC 1, CCRCC 2, CCRCC 3 et CCRCC 4.

Dans le souci d'une large diffusion et d'une application sans faille des présentes instructions, j'attire votre particulière attention sur les abus de la politisation et des manipulations sociologiques néfastes pour des intérêts personnels dans la gestion du pouvoir coutumier.

La présente note a pour objectif de rappeler la procédure à suivre pour éviter ainsi la disparité des actes à poser en matière de dévolution du pouvoir coutumier.

Veuillez agréer, Mesdames et Messieurs les Gouverneurs de Province, l'expression de mes sentiments patriotiques.

Fait à Kinshasa, le 13 sept. 2017.

Sé/ Guy MIKULU POMBO

Que retenir de la loi fixant le statut des chefs coutumiers en 2015 ?

3.2.Loi fixant le statut des Chefs Coutumiers (RDC, Août 2015)

Exposé des motifs

La crise des valeurs traditionnelles compte parmi les principaux maux qui, non seulement, minent l'unité et la cohésion nationales, mais aussi hypothèquent le développement intégral, harmonieux et durable de la République Démocratique du Congo.

Face à cette situation, la Constitution du 18 février 2006 reconnaît, en son article 207, l'autorité coutumière comme socle des valeurs traditionnelles.

La présente Loi est donc la mise en œuvre de cette exigence constitutionnelle. Elle vient s'ajouter à l'arsenal juridique sur l'organisation territoriale, administrative et politique en République Démocratique du Congo qui confère au chef coutumier, en plus des responsabilités coutumières, des charges administratives.

Elle prend en effet en compte les valeurs traditionnelles immuables et saines dans une société fondée sur le droit écrit, la démocratie, la bonne gouvernance et le respect des droits de l'homme. Elle vise notamment à :

- Affirmer le rôle protecteur du chef coutumier en ce qui concerne l'identité culturelle ainsi que les valeurs traditionnelles morales ;
- Réaffirmer le caractère apolitique du chef coutumier ;
- Réaffirmer l'implication du chef coutumier dans la sauvegarde de l'unité et de la cohésion nationales ;
- Réserver aux seules structures reconnues par la coutume le droit et le pouvoir de désigner le chef coutumier ;
- Confirmer le droit des pouvoirs publics de reconnaitre ou de prendre acte de la désignation du chef coutumier ;
- Reconnaitre à l'autorité coutumière le droit d'être consulté par les pouvoirs publics ;
- Ouvrir la possibilité de mise en place de commissions consultatives locales, provinciales et nationales pour le règlement des conflits coutumiers ;
- Définir les voies de recours pour le chef coutumier lésé par les décisions et actes des autorités administratives hiérarchiques.

Par ailleurs, elle détermine les obligations du chef coutumier.

Dans cette perspective, un régime disciplinaire lui est appliqué.

La présente loi s'articule autour de six chapitres ci-après :

Chapitre I : Des dispositions générales

Chapitre ll : De l'exercice de I'autorité coutumière

Chapitre lll : Des droits, des obligations, du statut judiciaire et des incompatibilités

Chapitre IV : Du régime disciplinaire et des voies de recours

Chapttre V : Des conflits de pouvoir coutumier

Chapitre Vl : Des dispositions finales

Telle est l'économie générale de la présente toi.

LOI N° 15/015 DU 25 AOUT 2015 fixant le statut des chefs coutumiers

L'Assemblée nationale et le Sénat ont adopté ;

Le Président de la République promulgue la Loi dont la teneur suit :

Chapitre I: Des dispositions générales

Section 1ère : De l'objet et du champ d'application

Article 1er :

La présente Loi fixe le statut des chefs coutumiers.

Elle s'applique au :

1. chef de chefferie ;
2. chef de groupement ;
3. chef de village, désigné conformément à la coutume locale.

Est chef coutumier, toute personne désignée conformément à la coutume locale, reconnue par les pouvoirs publics et chargée de diriger une entité coutumière.

Section 2 : Des définitions

Article 2

Au sens de la présente Loi, il faut entendre par :

1. autorité coutumière : pouvoir reconnu au chef coutumier et fonctionnant conformément à la coutume locale ou la personne revêtue de ce pouvoir ;
2. coutume locale : ensemble des usages, des pratiques et des valeurs qui, par l'effet de la répétition et revêtus d'une publicité, s'imposent, à un moment donné, dans une communauté, comme règles obligatoires ;
3. empêchement définit : toute situation qui, de manière définitive, rend impossible la poursuite de l'exercice des fonctions de chef coutumier ;
4. intronisation : ensemble de cérémonies et rites coutumiers exécutés conformément à la coutume locale après la désignation du nouveau chef en vue de son installation ;
5. pouvoir coutumier ; ensemble des mécanismes d'administration d'une communauté fondés sur Ies us et coutumes ;
6. terre des communautés locales : les terres occupées par les communautés locales qui y habitent, cultivent ou exploitent d'une manière quelconque, individuellement ou collectivement, conformément aux coutumes ou aux usages locaux.

Chapitre II : De l'exercice de l'autorité coutumière

Section 1ère : De la juridiction de l'autorité coutumière

Article 3

L'autorité coutumière s'exerce au sein des entités territoriales suivantes :

1. la chefferie ;
2. le groupement ;
3. le village, organisé sur base de la coutume locale.

Article 4

Le chef coutumier réside, selon le cas, au chef-lieu de la chefferie, du groupement ou dans son village.

Section 2 : Des conditions d'exercice des fonctions de Chef Coutumier

Article 5

Nul ne peut exercer les fonctions de chef coutumier s'il ne remplit les conditions suivantes :

1. être de nationalité congolaise ;
2. être âgé d'au moins 18 ans ;
3. être ayant droit à la succession ;
4. être de bonne moralité ;
5. n'avoir pas fait l'objet d'une condamnation irrévocable à une peine privative de liberté pour infraction intentionnelle ;
6. avoir un niveau minimum de formation scolaire.

Article 6

L'exercice des attributions de chef coutumier est subordonné à :

1. l'existence d'une entité territoriale reconnue ;
2. la présence d'une Population ;
3. l'intronisation conformément à la coutume locale ;
4. l'investiture et la reconnaissance par les autorités publiques compétentes.

Article 7

Le pouvoir du chef coutumier prend fin dans les cas ci-après :

1. décès;
2. abdication ;
3. empêchement définitif ;
4. déchéance conformément à la coutume locale.

Dans ce cas, l'intérim et le remplacement du chef sont organisés conformément aux dispositions pertinentes de la section 5 du présent chapitre.

Section 3 : De l'organisation de l'autorité coutumière

Article 8

L'autorité coutumière est exercée par le chef coutumier. Celui-ci est assisté, le cas échéant, par des structures de consultation ou de concertation selon la coutume locale.
Les chefs coutumiers peuvent créer des organisations civiles les regroupant dans le respect de la législation en vigueur.

Article 9

Les chefs coutumiers peuvent être consultés, à tout moment, par les autorités publiques sur toute question relative à l'exercice du pouvoir coutumier.

Section 4 : De la mission du chef coutumier

Article 10

Sans préjudice des prérogatives définies dans la Loi organique n° 08/016 du 07 octobre 2008 portant composition, organisation et fonctionnement des entités territoriales décentralisées et leurs rapports avec l'Etat et les provinces et de la Loi organique n° 10/011 du 18 mai 2010 portant fixation des subdivisions territoriales à l'intérieur des provinces, le chef coutumier assure la pérennité des coutumes et la bonne marche de sa juridiction.

A ce titre, il exerce les attributions spécifiques suivantes :

1. veiller à Ia cohésion, à la solidarité et à la justice sociale dans sa juridiction ;
2. sauvegarder et faire respecter les valeurs traditionnelles morales, le patrimoine culturel, Ies vestiges ancestraux dont les sites et lieux coutumiers sacrés ;
3. veiller, conformément à la Loi, à la protection des espaces fonciers qui relèvent des terres des communautés locales ;
4. promouvoir les relations de bon voisinage avec les entités voisines.

Section 5 : De l'intérim et de la succession du Chef Coutumier

Article 11

Outre les cas prévus à l'article 7 de la présente Loi, l'intérim du chef coutumier intervient dans l'une des circonstances ci-après :

1. l'absence prolongée de son entité ;
2. la suspension de ses fonctions conformément au régime disciplinaire ;
3. l'exercice d'une fonction incompatible.

Article 12

Sans préjudice des dispositions des Lois mentionnées à l'article 10 de la présente Loi, en cas de vacance, l'intérim est assuré, s'il échait, conformément à la coutume locale.
L'intérim prend fin à la cessation de la circonstance qui l'a justifié.

Article 13

En cas de vacance de pouvoir dans une entité coutumière, l'agent administratif le plus gradé de l'entité avise, par écrit, selon le cas :

1. le gouverneur de province ou son délégué pour la chefferie ;
2. le chef de chefferie ou de secteur pour le groupement ;
3. le chef de groupement pour le village.

Article 14

En cas de vacance, le gouverneur de province ou son délégué pour la chefferie, le chef de chefferie ou de secteur pour le groupement, le chef de groupement pour le village, le Bourgmestre pour le groupement incorporé, selon le cas, se rend sur le lieu et dresse le procès-verbal de constat de vacance de pouvoir coutumier.

Article 15

Si le successeur est connu, l'autorité visée à l'article précédent autorise l'installation.

Article 16

Dans le cas où le successeur n'est pas connu, l'autorité visée à l'article 14 de la présente Loi organise l'intérim et ouvre la voie à la succession.

L'intérim du chef défunt est assuré, en tant qu'autorité coutumière, conformément à la coutume locale et tant qu'autorité administrative, conformément à la législation particulière en la matière.

Article 17

Pour pourvoir à la vacance, l'autorité visée à l'article 14 de la présente Loi se rend sur le lieu et dresse les procès-verbaux ci-après :

1. d'authenticité de l'arbre généalogique ;
2. d'audition des membres de la lignée du prétendant ayant droit à la succession ;
3. de témoignage, selon le cas, des chefs de groupement, des chefs de villages et des notables voisins ;
4. de proclamation du chef désigné conformément à la coutume locale.

Cette autorité établit un rapport auquel sont joints tous les procès-verbaux et le transmet à l'autorité compétente pour installation, investiture et reconnaissance.

Chapitre III : Des droits, des obligations, du statut judiciaire et des incompatibilités

Section 1ère : Des droits

Article 18

Le chef coutumier a droit à des égards et au respect dus à sa dignité et à son rang.

Article 19

Le chef coutumier a droit à une rémunération décente, aux frais de représentation et autres dus aux animateurs des entités territoriales.

Article 20

Le chef coutumier bénéficie, en outre, des avantages suivants :

1. les frais à l'occasion des cérémonies officielles ou de son installation par l'administration ;

2. les soins de santé et les frais funéraires pour lui, son conjoint et ses enfants à charge ;
3. le transfèrement par tes pouvoirs publics, en cas de décès en dehors de sa juridiction, de sa dépouille mortelle au chef-lieu de son entité.

Article 21

Le chef coutumier a droit à la protection sociale et à un passeport de service pour les missions officielles.

Toutefois, le chef coutumier d'une entité inférieure doit obéissance et déférence à celui d'une entité supérieure.

Article 22

Le chef coutumier reçoit, lors de son investiture, un brevet, un drapeau
et un insigne comportant les armoiries de la République.

Section 2 : Des obligations

Article 23

Le chef coutumier affiche en tout temps et en toute circonstance un comportement digne.

Article 24

Les chefs coutumiers se doivent respect mutuel.

Toutefois, le chef coutumier d'une entité inférieure doit obéissance et déférence à celui d'une entité supérieure.

Article 25

Le chef coutumier est apolitique.

Il ne prend part à aucune activité dirigée contre les autorités publiques.

Sous peine des sanctions disciplinaires, il peut assister, comme observateur, aux activités des partis politiques organisées dans sa juridiction.

Article 26

Le chef coutumier règle les conflits coutumiers qui surgissent entre différentes communauté, de son entité et en informe sa tutelle ou sa hiérarchie.

Article 27

Le chef coutumier informe, selon le cas, l'autorité de tutelle ou hiérarchique lorsqu'il s'absente de sa juridiction pour une période inférieure à trente jours.

En cas d'absence de plus de trente jours, une autorisation préalable est requise.

Sans préjudice des formalités requises, la sortie du territoire national du chef coutumier est soumise à l'autorisation du Gouverneur de province.

Section 3 : Du statut judiciaire

Article 28

Les poursuites et arrestation contre le chef de chefferie sont soumises au régime des articles 10 et 13 du code de procédure pénale.
Sans préjudice des pouvoirs reconnus aux officiers de police judiciaire, et sauf infraction flagrante, les chefs coutumiers autres que le chef de chefferie, ne peuvent faire objet d'arrestation que sur mandat du ministère public.

Section 4 : Des incompatibilités

Article 29

Sans préjudice des dispositions de l'article 108 point 6 de la constitution, la fonction de chef coutumier est incompatible avec celle de :

1. membre des forces armées ou de la police nationale ;
2. agent de carrière des services publics de l'Etat;
3. magistrat ;
4. membre d'un Parti Politique ;
5. membre du Bureau d'un organe délibérant;

6. membre du collège exécutif d'une entité territoriale décentralisée ;
7. un employé permanent.

Les dispositions du point 6 ci-dessus ne s'appliquent pas au chef de chefferie s'agissant du collège exécutif de la chefferie.

Chapitre IV : Du régime disciplinaire et des voies
De recousu

Article 30

Le régime disciplinaire applicable au chef coutumier est fixé, selon le cas, par la Loi ou par la coutume locale.

Article 31

Tout manquement du chef coutumier aux devoirs de son Etat, à l'honneur et à la dignité de ses fonctions constitue une faute disciplinaire passible, selon le cas, des sanctions prévues par la Loi ou par la coutume locale.

Article 32

Le chef coutumier reconnu coupable de faute administrative dans l'exercice de ses fonctions, encourt, selon la gravité des faits, l'une des sanctions disciplinaires suivantes :

1. le blâme ;
2. la retenue du 1/3 du traitement pour une durée ne dépassant pas un mois ;
3. la privation de traitement pour une durée ne dépassant pas trois mois ;
4. la déchéance.

Dans ce cas, la procédure disciplinaire applicable est mutatis mutandis celle applicable aux agents de carrière des services publics de l'Etat.

La déchéance est prononcée, selon le cas, par le ministre de la République ayant les affaires coutumières dans ses attributions pour le chef de groupement, par le gouverneur de province pour le chef de chefferie et par l'administrateur du territoire ou le bourgmestre pour le chef de village.

Le chef coutumier frappé d'une condamnation irrévocable à une peine privative de liberté supérieure à trois mois pour infraction intentionnelle est déchu d'office de ses fonctions

Article 33

L'exercice illicite des fonctions ou prérogatives de chef coutumier est réprimé conformément au droit commun.

Article 34

Les recours contre les sanctions encourues par le chef coutumier en matière coutumière sont organisés conformément à la coutume locale.

Les recours contre les sanctions administratives sont exercés conformément à la procédure applicable aux agents de carrière des services publics de l'Etat.

Chapitre V : Des conflits de pouvoir coutumier

Article 35

Les conflits de pouvoir coutumier surviennent en cas notamment de :

1. désignation du chef coutumier, même à titre intérimaire;
2. usurpation du pouvoir ;
3. contestation des limites des entités coutumières ;
4. contestation des terres des communautés locales ;
5. revendication de création de nouvelles entités coutumières ;
6. soumission d'une entité coutumière à celle dont la coutume n'est pas la sienne.

Article 36

En cas de conflit né à l'occasion de l'exercice du pouvoir coutumier, le gouverneur de province ou son délégué pour la chefferie, le chef de chefferie ou de secteur ou leurs délégués pour le groupement et le village s'impliquent de manière à contribuer à son règlement par voie de conciliation, de médiation ou d'arbitrage.

Il peut être créé au niveau du secteur ou de la chefferie, de la province et du ministère de la République ayant les affaires coutumières dans ses attributions une commission consultative de règlement des conflits coutumiers.

Chapitre VI : Des dispositions finales

Article 37

La présente loi entre en vigueur à la date de sa promulgation.

Fait à Kinshasa, le 25 août 2015
Joseph KABILA KABANGE
Pour copie certifiée conforme à l'original
Le 25 août 2015

Le Cabinet du Président de Ia République

Néhémie MWILANYA WILONDJA

Directeur de Cabinet

J'évoque au chapitre suivant le pouvoir coutumier dans le groupement de Bula.

Chapitre IV

Le pouvoir coutumier dans le groupement Bula

Ce chapitre a pour pierre de touche le pouvoir coutumier dans le groupement Bula au Kongo central.

Ce chapitre va s'articuler sur les cinq points suivants : le premier point nommé « *Carte postale du groupement Bula* » comprendra trois sous-points qui sont : la situation géographique, la population, les infrastructures de santé, les infrastructures d'enseignement, l'économie. Le second point intitulé « *Mouvements migratoires* » parlera de la migration des ancêtres de la population autochtone du groupement Bula ; le troisième point donne « *l'Arbre généalogique du clan Mbenza de ce groupement* » ; le quatrième point quant à lui, exposera in extenso « l'Enquête administrative menée par A.T Tordeur en 1937 ». Enfin le cinquième point dévoilera la « *Chronologie de la succession des Chefs de groupement* » de l'origine à nos jours.

Le choix uniquement du groupement Bula se justifie par le fait que nous sommes actuellement le Chef coutumier de ce groupement. Et, c'est comme qui dirait que la charité bien ordonnée commence par soi-même.

De plus, un proverbe de ce terroir vient conforter nos propos en disant : « *u tia vika buala, buna tonina mu nzo aku* » (si tu veux incendier un village, alors il faut commencer par ta propre maison). La morale de ce proverbe veut simplement enseigner qu'il faut toujours prêcher par l'exemple, que l'exemple vaut mieux que tous les préceptes.

En outre, la charpente qui concerne la succession du pouvoir coutumier est quasi similaire en matière de procédure pour tous les groupements de notre pays. En second lieu, d'autres chercheurs, plus outillés peut être, peuvent faire un travail dans la même direction.

IV 1 Carte postale du Secteur de Bula-Naku

D'entrée de jeu, nous signalons directement que nous envisageons d'aborder l'étude de la carte postale du groupement Bula dans une approche globale, c'est-à-dire en l'intégrant aux autres groupements du Secteur de Bula-Naku.

Encore enfant, nous lisions dans le livre appelé *« Makuba »,* qui servait à l'apprentissage de la grammaire « *Kiyombe* » (langue des Bayombe, une des tribus Kongo dans le Kongo Central), ce qui suit : « *Basi Bula Boma Ba mona* » ce qui se traduit en français : « les gens de Bula ont peur ». Cette boutade inventée probablement pour faciliter l'apprentissage, par la méthode dite globale[28], de la lettre « *b* » doit être corrigée. Cette correction ne peut provenir principalement que des ressortissants de ce coin, non pas avec des paroles ou des slogans mais avec des actes, par une prise en charge conséquente de la contrée. Ainsi, la boutade deviendrait « *Basi Bula Boma Ba monisa* » (les gens de Bula font peur).

En fait, ici, il ne s'agit pas seulement des gens du groupement Bula mais plutôt les gens du Secteur de Bula-Naku, les gens du groupement Bula n'étant ici qu'un sous-ensemble du Secteur qu'on appelle Bula-Naku. C'est pourquoi nous abordons l'aspect de la carte postale du groupement Bula dans son immersion dans le Secteur de Bula – Naku. De plus, les éléments qui composent cette carte postale s'imbriquent, se chevauchent, s'emboîtent et se compénètrent à telle enseigne qu'il n'est pas aisé de les démêler pour chaque groupement de ce Secteur.

---

[28] Deux méthodes sont généralement utilisées dans l'apprentissage de la lecture : méthode abécédiaire et méthode globale. La méthode abécédiaire consiste à apprendre la lecture à partir des lettres de l'alphabet, tandis que dans la méthode globale, on apprend la lecture à partir des mots, des phrases.

Pour mieux appréhender le groupement Bula, il faut le situer par rapport au pays (la R.D.C), à la province, au territoire et au secteur qui porte le même nom. Ainsi, le groupement Bula est l'un des groupements de la R.D.C, situé dans la Province du Kongo Central, Territoire de Tshela, Secteur de Bula-Naku. Ce dernier compte les sept groupements suivants : Samba, Mbinga, Kingulu, Madinga, Dizi, Kasadi et Bula. Notons en passant que *le groupement Bula fut créé par arrêté du 15 mars 1912.*

En ce qui concerne la carte postale proprement dite, nous retenons, pour analyse, les éléments ci-dessous :

- Situation géographique et carte du Secteur de Bula-Naku ;
- Population du secteur par groupement ;
- Infrastructures d'enseignement par groupement ;
- Infrastructures de santé par groupement ;
- Economie.

a. Situation géographique

Pour mieux comprendre la situation géographique du Secteur de Bula-Naku, nous commençons par présenter la carte administrative du Territoire de Tshela qui est composé au total de 8 Secteurs : Bula-Naku, Loango, Lubolo, Lubuzi, Maduda, Nganda Tsundi, Nzobe Luzi et Tshela-Mbanga.

Figure n°1 : Carte administrative du Territoire de Tshela/Province du Kongo Central en République Démocratique du Congo

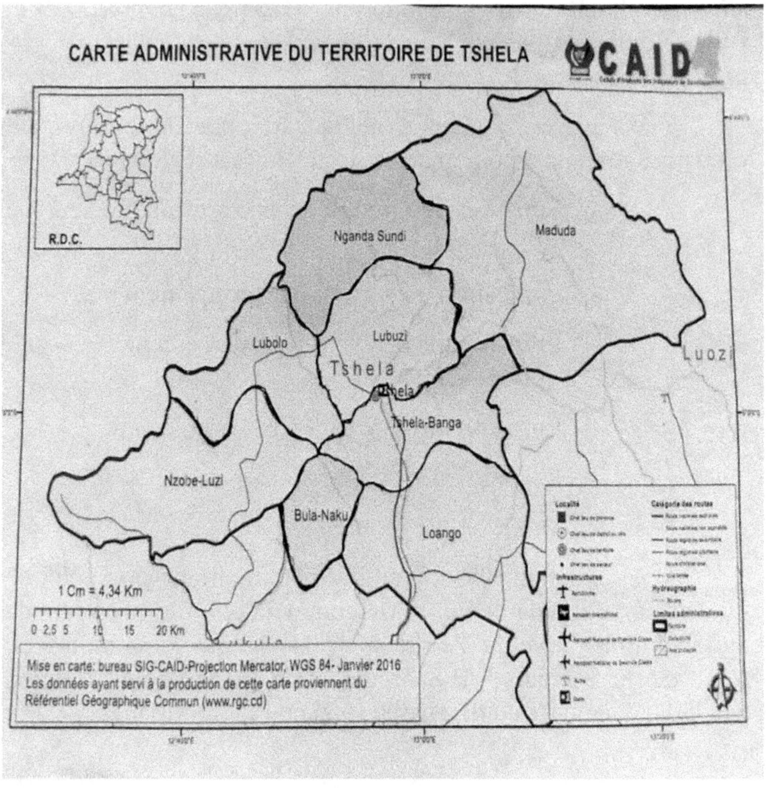

Source : CAID (Cellule d'Analyse des Indicateurs de Développement)

Figure n°2 : Carte géographique du Secteur de Bula-Naku

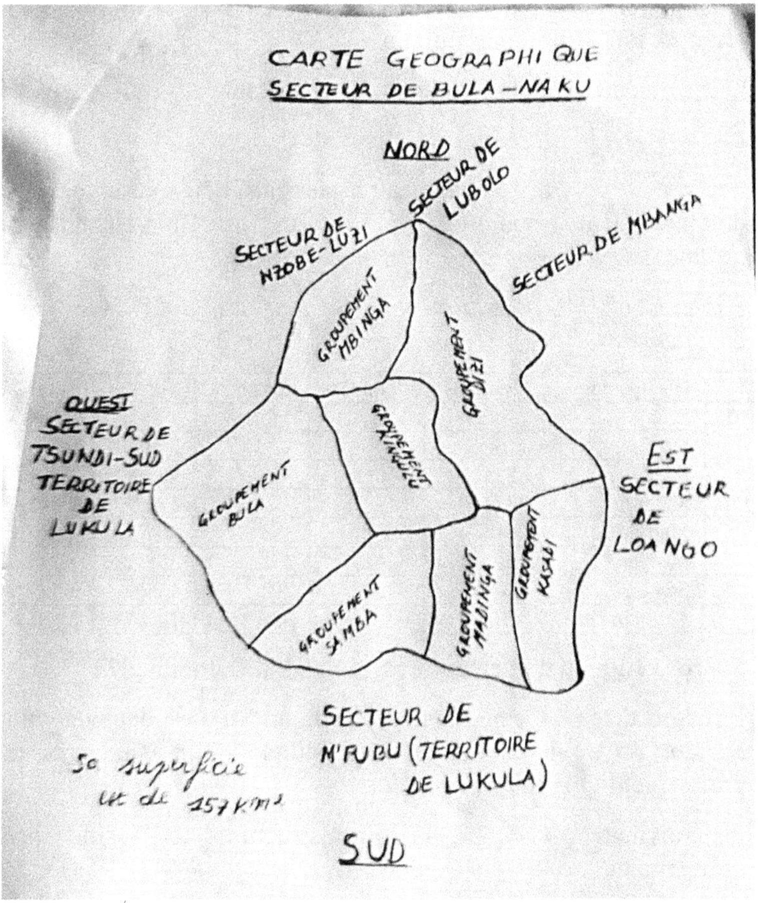

Source : Bureau du Secteur de Bula-Naku, 2022

Le Secteur de Bula-Naku est limité au Nord par le Secteur de Lubolo ; au Nord-ouest par le Secteur de Nzobe Luzi ; au Nord-Est par le Secteur de Mbanga ; à l'Ouest par le secteur de Tsundi-Sud dans le Territoire de Lukula ; à l'Est par le Secteur de Loango et, au Sud par le Secteur de M'fubu dans le Territoire de Lukula.

Quant au groupement Bula, il est limité au Nord par les groupements Mbinga et Kingulu; au Sud par le groupement Vungu (Secteur Mfubu, Territoire de Lukula) ; à l'Est par le groupement Samba et à l'Ouest par le groupement Nyingu du Territoire de Lukula.

Que dire de la population du groupement Bula ?

b. Population

A travers le tableau ci-dessous, nous présentons les données démographiques du Secteur de Bula-Naku, par groupement.

Tableau n°01 : population du Secteur de Bula Naku par groupement

N°	Groupement	Hommes	Femmes	Garçons	Filles	Total
01	Bula	1.422	1.613	3.061	3.293	9.389
02	Dizi	1.506	1.741	2.955	3.403	9.605
03	Kasadi	887	866	868	903	3.524
04	Kingulu	437	517	472	576	2.002
05	Madinga	461	687	364	605	2.117
06	Mbinga	469	626	498	658	2.245
07	Samba	780	943	794	1.220	3.737
	Total général	5.962	6.993	9.012	10.652	32.619

Source : Bureau du Secteur de Bula-Naku, Octobre 2022

Il ressort de ce tableau que le groupement Bula est deuxième du Secteur du point de vue démographique (28,8 %), après le groupement Dizi (29,5%).

Il convient d'évoquer les infrastructures de santé par groupement.

c. Infrastructures de santé par groupement

1° Groupement Bula

- Le Centre de Santé Nganda Bula 1 ;
- Le Centre de Santé de Référence « La visitation Minlemvi » ;
- Le Poste de Santé Mongo Bula ;
- Le Poste de Santé Nganda Bula 2.

2° Groupement Dizi

- Le Centre de Santé Nganda Dizi ;
- Le Centre de Santé de Référence Dizi-Mission.

3° Groupement Kasadi

- Le Centre de Santé de Référence Saint Nicolas ;
- Le Poste de Santé Yanika Kasadi.

4° Groupement Kingulu : rien à signaler

5° Groupement Madinga : Néant

6° Groupement Mbinga

- Le Poste de Santé Mbinga ;

7° Groupement Samba

- Le Poste de Santé Samba

Il est aussi de rappeler les infrastructures d'enseignement par groupement.

d. Infrastructures d'enseignement par groupement

1° Le groupement Bula à lui seul, compte 4 écoles primaires : E.P Bula 1 (ECC) ; E.P Bula 2 (ECC) ; E.P Bula 3 (ECP) et E.P Kilolo (ECK). Les écoles secondaires sont au nombre de 4 aussi : Institut Nganda Bula (Réseau Catholique) ; Institut Révérend Panzu (Réseau Protestant) ; Institut 2 Khele M'BU (Réseau Officiel) ; Institut Kilolo (Réseau Kimbanguiste).

2° Le groupement Dizi est riche de deux écoles primaires (E.P Dizi Mission et E.P Bangu Dizi) et trois écoles secondaires (Institut Mbata Nkondo, Institut Nganda Dizi et Institut Mboma Dizi).

3° Le groupement Madinga compte une seule école primaire (E.P Nzamba Madinga) et une école secondaire (Institut Madinga en pleine construction).

4° Le groupement Kasadi : une école primaire (E.P Kipholo Kasadi) et une école secondaire (Institut Kasadi).

5° Le groupement Mbinga : une école primaire (E.P Mbinga) et une école secondaire (Institut Mbinga en progression).

6° Le groupement Kingulu : aucun établissement d'enseignement.

7° Le groupement Samba : une école primaire (E.P Samba Nlangu, ECC) et une école secondaire (Institut Samba Nsundi, ECP).

Tableau n°02 : infrastructures d'enseignement du Secteur de Bula – Naku

N°	Groupement	Nombre d'EP	Nombre d'ES	Total
01	Bula	4	4	8
02	Dizi	2	3	5
03	Kasadi	1	1	2
04	Kingulu	0	0	0
05	Madinga	1	1	2
06	Mbinga	1	1	2
07	Samba	1	1	2
Total		10	11	21

Source : nos investigations

Il ressort du tableau ci-dessus que le groupement Bula est premier en infrastructures d'enseignement tant primaire que secondaire de tout le Secteur de Bula - Naku. Ce groupement représente 40 % d'infrastructures d'enseignement primaire et 36,4 % d'infrastructures d'enseignement secondaire.

J'évoque l'économie dans les lignes qui suivent.

e. Economie

Du point de vue économique, tous les groupements du Secteur de Bula-Naku sont producteurs du manioc, de l'huile de palme, des amandes palmistes et des autres produits de consommation qui permettent à la population de subvenir aux besoins sociaux de base. En plus de ces activités agricoles, la population du Secteur de Bula-Naku pratique l'élevage du petit bétail. Les déjections animales contribuent à la fertilisation du sol pour les activités agricoles.

Il est important de retracer les mouvements migratoires pour déceler les différentes populations qui composent le groupement.

IV 2. Les mouvements migratoires

Il ressort de l'histoire que le peuple « *Yombe* [29]» tire son origine de l'Angola, précisément de Kongo dia Ntotila où vivait le couple Nkongo Ntinu ou Nkongo di Ngunga (époux) et Makaya ma Nzambi (épouse) connue sous le nom de « *Vua di mabeni*» (neuf seins : en tant que mère par analogie de neuf enfants). Neuf enfants qui sont issus de leur union conjugale ; toutes les filles appelées respectivement : Mbenza na Nkongo (Mbenza), Nsanda na Nkongo (Phudi), nlasi Nkongo (Makaba), Madungu ma Nkongo (Makhuku), Mboma Nkongo (Tsundi), Mbinda ma Nkongo (Manianga), Tadi di Nkongo (Numbu), Nanga na Nkongo (Nanga), et Tsaku Nkongo (Ngimbi). Mbenza fut chargée de la garde des insignes d'investitures « *Bikhanda* ».

Un jour, au cours d'un voyage vers la localité Sulu, Nkongo Ntinu, qui mangeait gloutonnement, cala un os de poulet au travers de la gorge. Il eut la vie sauve après avoir bu l'eau lui apportée par Madungu ma Nkongo (Makhuku) qu'il positionna deuxième après son intime préférée Mbenza.

Ménacées un matin par leur père Nkongo Ntinu, suite à un autre incident provoqué cette fois-ci par un certain Buisi, les enfants furent traquées partout. Toutes les huit filles se décidèrent alors de s'éloigner du papa Nkongo Ntinu et allèrent se réfugier chez Makambo Mbungu à San Salvador, l'actuel Mbanza Kongo. Ce dernier, en qualité de notable,

[29] Yombe : Concept flou dans le sens que la délimitation de son aire et de sa population est sujette à confusion. Pour l'espace vital de ce peuple, une partie en RDC, au Cabinda, en République du Congo, au Gabon, … En ce qui concerne la détermination de la population, on note que les autochtones de Boma par exemple ne se disent pas Bayombe alors qu'ils sont situés dans l'aire Yombe.

essaya d'intercéder en faveur de ces enfants auprès de leur père, mais en vain. Finalement, elles prirent fuite vers le Nord accompagnées de leur mère Makaya ma Nzambi alias « *Vua di mabeni* ». Elles se trouvèrent sur leur chemin, en face du fleuve « *Nzadi* », actuellement nommé fleuve Congo. C'est au moyen d'un tronc d'arbre appelé Nsanda, et avec l'aide d'un certain Nzondo, boiteux de son état, qu'elles réussissent à traverser miraculeusement le fleuve. D'où l'appellation de « *Nsanda Nzondo* »[30] donnée à l'endroit où ces filles et leur mère ont traversé le fleuve Congo. Notons que ce lieu est repérable aujourd'hui entre Boma et Matadi, le long du fleuve Congo.

Leur première station, après la traversée du fleuve fut l'endroit dit Yala Nsongo[31]. Après quelques temps de pause, elles partirent en direction de Kungu di Kongo où un grand Kapotier (arbre appelé *Mfuma* en langue locale) leur barra la route. Heureusement, la fille Mbenza, porteuse des reliques ancestrales, se servit de « *Phezo* » (chaux) pour écarter l'obstacle, en pointant sa main droite en direction du village de leur père puis dans le sens opposé. Très contentes, ses sœurs entonnèrent une mélopée disant :

> *« Mbenza tu es la première de nous toutes. Tu nous aideras et tu nous sauveras toujours »*

Ayant progressé dans ce territoire de Tseke Mbanza, actuellement Seke-Banza, il y eut la première dispersion de la caravane. C'est ainsi que Tsundi alla en direction d'Isangila, Makaba prit celle du Vungu Landa, Makhuku celle de Kitsiengo, Phudi celle de Matadi et Tsaku celle de Panga. Mbenza, Nanga et Ngimbi se dirigèrent vers Mfuiki et Lutala Mbeko où une fraction de Mbenza s'installa. Le reste du groupe continuera sa route en passant par Kavuzi, Nziuti, Lusengi où resta une fraction de Ngimbi, puis à Sanzala où s'installa une partie de Nanga. Les autres se dirigèrent en direction du Nord jusqu'à atteindre la région de Kimongo Mvangi, Kiobo Ngoyi où, ils retrouvèrent Tsundi qui pénétra

---

[30] Rapport du R.P.Bittremieux, *in Mayombesch Idioticon.* En fait, il s'agit d'une corruption du N'sanda Nzondo

[31] Rapport du 19 octobre 1937 de l'A.T Nauwelaert.

dans l'actuelle République du Congo. Refoulée vers le Sud, Tsundi s'étala sur toute la région de Matheke.

Arrivés à Kiobo Ngoyi, Mbenza et Tsundi entrèrent en guerre à cause de certaines terres. Tsundi paya bon nombre d'esclaves à son tombeur Mbenza qui lui céda quelques espaces de terre. Poursuivant sa route en direction du Sud, Mbenza passa par Kivula Mayaka dans le Secteur de Maduda avant d'atteindre Yanga dans le Secteur de Lubuzi et Tandu Kukula dans l'entité administrative de Mbanga à Tshela. Il s'agit là de la migration opérée par la fraction de Mbenza présente à Mbanga, Kasadi, Tumba, Niolo et Dizi.

A propos de la fraction de Mbenza de Bula[32], après la traversée du fleuve à Nsanda Nzondo, elle s'est établie à Kungu Mbinda et, successivement, à Phadi Buete, à Seke-Banza où resta Nzau Bunzi, à Patu Noki, à Kuimba yangi, et à Bemba Bunzi. Une autre scission eut lieu : une partie du clan passa par Luangu Nzadi ou par Mbenza Baka ou encore par Vonde où resta Vonde ki Lengi. Une autre partie resta à Sizi sur Mongo Bote, et une autre encore à Mazinga vers Tandu Manzau et Mbenza baka où resta Kimbauka considérée comme « *Nkama* » (épouse) de Ma Tsundi. Là aussi, il se sépara de la branche Tembe et Ntene. Les Mbenza de Bula nient toute parenté avec les Mbenza ma tende.

Dans tous son parcours, la vaillante Mbangala Muanda, mère de Lala Kingandu (Luangu Nzadi), Kikhakala Kingandu (Bula) et Lomba Kingandu (Biabu) gagnaient des terres pour leurs progénitures, si pas après une conquête, c'est alors par l'Occupation des terres vacantes, comme c'est le cas des terres de Mbenza du groupement de Bula. Les Mbenza de Bula sont venus de Kiolo dans le Secteur de Luangu. Leur devise est :

> *« Mbenza kabenza ntu phusu,*
> *Niandi benza ntu mi batu ».*
> *Mbenza ne sert pas de raphia pour allumer son feu, plutôt, il utilise les crânes des humains.*

---

[32] Rapport du 15 mars 1937 du Cdat. A.T. Tordeur

La barque sera menée plus tard par Mabula Niati Bunzi, premier chef qu'accompagnait sa sœur Phemba Bunzi. Ils s'installèrent en premiers occupants dans la région qu'ils nommèrent Bula qui signifie « Casser ». Niati Bunzi prit ce nom après avoir franchi beaucoup d'obstacles sur son chemin. Il s'installa à Mongo yaka compris dans l'actuel groupement de Samba. Mais non content de cet emplacement, il se décida d'aller, toujours accompagné de sa sœur Phemba Bunzi, sur la savane dit « *Thandu Makani* » vers le village Bembe 2 et ce, avant d'atteindre le plateau Ngongo d'où les descendants de l'ancêtre Phemba Bunzi prirent différentes directions et allèrent les uns et les autres occuper leurs terres actuelles[33]. C'est ainsi que :

1° Mboko Mavungu et sa sœur Nzuzi Kuimba formèrent le village Nganda Bula 1 sur Ndimba Nkazu et plus tard, une fraction (sous-lignée Ngombo Mavungu) qui forme l'actuel village Nganda Bula 2, alla surveiller ses terres sur Ndimba Mbutu.

2° Nsungu Mavungu et sa sœur Masiala ma Kuimba allèrent former le village Muba Bula dans la savane de Mbuyu et plus tard, sur le plateau Phubika. Actuellement, ils partagent cet espace avec le village Mbuyu Bula.

3° Mbungu Dumbi et sa sœur Bola Dumbi partirent pour former le village Phene Bula sur les mêmes terres citées au point précédent.

4° Nsongo Matiaba et sa sœur Nsimba Mavungu établirent le village de Nlangu Bula sur le plateau Mvutu et bien après sur la vallée de Mbuyu.

5° Nkongo Ngoyo et sa sœur Tsimba Mavungu s'installèrent sur le plateau Mayambi et ensuite sur la vallée de Mbyu pour y former le village kayi Bula.

[33] Rapport du 12 décembre 1972 sur le groupement Bula par l'A.T Mubanga.

6° Muimba Nsoki et sa sœur Phemba Masuangi vont placer leur village Tsambi Bula sur Mbata Kiluvemba et plus tard sur la savane Kivueba.

7° Phoba Nzuzi et sa sœur Londa ki Kuimba formèrent leur village Nsalizi Bula sur le plateau de Mbata Ngongo. Actuellement, une autre branche, formâ le village Nsalizi Bula 2, y vit aussi.

8° Phukuta Nsaku et sa sœur Nzabi Kuimba partirent sur le plateau Vemba et plus tard sur celui de Mabuku pour y former la localité de Vemba di Bula.

9° Makoko ma Solo et Malu ma Kuimba fondèrent le village Konde di Bula sur Mbata Mvovo Wola et sur Mbata Lubota. Un autre village nommé Kungu di Bula y est né récemment.

10° Niangasa Phoba et sa sœur Ngombo Mbowa formèrent le village Bembe Bula sur le plateau Mbungu et sur Thandu Makani. Ce village est actuellement scindé en Bembe Bula 1 et Bembe Bula 2.

11° Phanzu Phuna et sa sœur Ngombo Mbowa allèrent former le village Tsasa Bula ou Makungu Bula sur Mbata Nsanda ou Vua di Ndungu.

Partout où ils sont passés, les membres du clan Mbenza de Bula se sont installés sur des terres non encore occupées.

Pour Mbenza ma Bula, le génie de la terre est Niumvu Bula (aigle). C'est ainsi qu'aucun chef de Mbenza ma Bula (membre de cette communauté) ne doit manger cet oiseau.

Si, au cours des périodes très lointaines, tous les villages du groupement Bula dépendaient du clan Mbenza, la dépendance de quelques-uns s'est tournée plus tard vers le clan Makhuku. C'est le cas des villages composant la partie appelée Mongo Bula (Haut Bula).

Signalons en passant que les ancêtres Makhuku du groupement Bula seraient venus de Kimbenza dans le secteur de Luangu et ont progressé jusqu'à Bula en passant par Biabu. Le plateau de Mvonzo est leur première station, puis successivement le plateau Mfundu bangulu, le plateau Vundu, la vallée Nkazu, la savane Banzau, le plateau Mbongi ma Bula pour atteindre le plateau Vua di Ndungu où est construite l'actuelle mission Catholique de Bula. La dispersion des lignées se fit sur Mbata Nsanda. Ainsi, les ancêtres[34] :

12° Phuati Buemba et sa sœur Nzau Mbambi formèrent le village Phumbu Bula, d'aord sur Mbata Nkondo et après sur Mbata Kayi.

13° Topo Mabiala et sa sœur Nsaka Mfuka s'en allèrent former le village Konde di Mbenza sur Mbata Mapangu et puis sur Mbata Kayi.

14° Vundika Ngoma et sa sœur Mambu Mbambi émigrèrent sur Mbata Kungu, puis sur Mbata Nkondo pour former le village Kola Bula.

15° Ngoma Tsakala et sa sœur Nzau Mbambi partirent sur Mbata Nkazu, puis sur Mbata Tombo où se trouve le village Konde Ngombo.

16° Phezo Mayela et sa sœur Pfuti Mbambi restèrent sur le plateau Nsanda pour former le village Numbu Bula, actuellement scindé en deux (Numbu Bula 1 et Numbu Bula 2).

17° Tumbi Mbuangi et sa sœur Tsundi Ngimbi formèrent le village Mbuku Bula sur le plateau de Ziami, puis celui de Mvoso. Actuellement le village de Mbuku Bula est scindé en deux (Mbuku Bula 1 et Mbuku Bula 2).

18° Mbuka Manungu et sa sœur Buanga Mbambi formèrent le village Mbingamanga Bula sur le plateau Lukamba et sur celui de Kayi.

[34] Rapport du 12 décembre 1972 sur le groupement Bula par l'A.T Mubanga.

A l'instar de Mbenza, les Makhuku trouvèrent eux aussi des terres encore vacantes.

Outre les deux grands clans qui sont Mbenza et Makhuku, il existe dans le groupement Bula, d'autres clans moins représentés : Nanga et Phudi.

Clan Nanga

Ce clan est mélangé avec Mbenza du village Tsambi Bula. C'est donc le produit des liens matrimoniaux fondés par Khonde Bundu de Nanga et Masinga Nzita de Mbenza. Ce clan reçut des terres de Mbenza de Tsambi Bula. Plus explicitement, c'est par donation de son père Mbenza que ce clan Nanga acquis des terres dans le groupement Bula.

Clan Phudi

Venu de Vaku Nlolo dans le Secteur de Luangu où eut lieu une guerre provoquée par un partage non équitable d'une ration « Khuanzi Makhamba » offert par le propriétaire d'un champ défriché. Quelques membres du clan Phudi, cherchant asile loin de chez eux furent accueillis au village Tsasa Bula. Mêmement au village Mboma Bula, Mayuba Makoko et sa sœur Tsimba Manzu y furent accueilles. Ils s'installèrent sur le plateau de Phinga puis sur le plateau Nanga pour former le village Mboma Bula où ils vivent sur les terres achetées de Mbenza.

Il me semble utile de signaler l'arbre généalogique du clan Mbenza du groupement Bula dans les lignes qui suivent.

IV.3 Arbre généalogique du clan Mbenza du groupement Bula[35]

Cet arbre concerne les villages : Nganda Bula 1 et 2, Tsasa Bula, Bembe 1 et 2, Nlangu Bula, Kayi Bula, Phene Bula, Nsalizi Bula 1 et 2, Konde Bula, Muba Bula, Mbuyu Bula, Vemba Bula, Tsambi Bula.

[35] Rapport du 12 décembre 1972 sur le groupement Bula par l'A.T Mubanga.

L'ancêtre féminin Phemba Bunzi mariée à Vasi ki Khasa donna naissance à deux enfants de sexe féminin : Vanda ki Khasi et Vasi ki Khas (décédée sans progéniture).

Vanda ki Khasi se maria à Nsalizi Kuimba et donna naissance à sept filles :

> *Nzuzi Kuimba* (Nganda Bula 1 et 2), *Phasi Kuimba* (Tsasa Bula, Phene Bula, Nlangu Bula, Kayi Bula, Bembe 1 et 2), *Malu ma Kuimba* (Konde di Bula), *Nzabi Kuimba* (Vemba di Bula), *Ntula Kuimba* (Mbuyu Bula), *Masiala ma Kuimba* (Muba Bula) et Londa Kuimba (Nsalizi Bula 1et 2).

Il convient de signaler que lors de l'enquête administrative menée en 1972, feu Buala Yala Camille, alors chef du village de Tsambi Bula sortit de Londa Kuimba et créa une lignée jamais entendue avant, certainement pour des visées restées obscures. Il s'agit de Phemba Kuimba qui proviendrait aussi de Vanda ki Khasi. Cette création difficilement soutenable ne fit pas long feu. Plus tard, une division vit le jour au village Muba Bula d'où sortit celui de Mbuyu Bula de la lignée Nzuzi Ndungi dont la généalogie pourrait être détaillée ultérieurement.

Les filles de Vanda ki Khasi eurent une progéniture prolifique :

1° *Nzuzi Kuimba*

Donna naissance à Mboko Mavungu (H) et aux filles Nzovo Mavungu, Ngombo Mavungu, Ndembe Mavungu et Mbumba Mavungu qui forment les villages Nganda Bula 1 et 2.

2° *Phasi Kuimba*

Donna naissance à deux filles Phemba Mbowa et Ngombo Mbowa qui composent les villages : Phene Bula, Nlangu Bula, Kayi Bula, Tsasa Bula et Bembe 1 & 2.

3° *Londa Kuimba*

Donna naissance à Ngimbi Nzuzi et Phebe Nzuzi, tous deux hommes et à deux filles Ndembe Phambu et Yala Phambu, qui se trouvent à Nsalizi Bula 1 & 2.

4° *Malu ma Kuimba*

Donna trois filles Tsungu Mwolo, Khumba Mwolo et Ngombo Mwolo qui vivent au village Konde di Bula.

5° *Nzabi Kuimba*

Ancêtre du village Vemba di Bula, a eu deux filles Nsongo Nsaku et Niongo Nsaku puis deux garçons Kionga Nsaku et Phukuta Nsaku.

6° *Ntula Kuimba*

Ancêtre du village Mbuyu Bula ; détail dans une publication ultérieure.

7° *Masiala ma Kuimba*

A donné naissance aux filles Nkula Khuabi, Nzuzi Khuabi, Phemba Khuabi, Nkula Khuabi et Nzuzi Ndungi ; puis à Lenga Ndungi, un garçon.

Remarque

Puisque le groupement Bula contient en son sein, outre le clan Mbenza, d'autres clans, nous présentons sommairement ci-dessous, l'arbre généalogique des clans Makhuku et Phudi.

a) Clan Makhuku

Le clan Makhuku se trouve dans les villages : Phumu Bula, Konde di Mbenza, Kola Bula, Konde Ngombo, Numbu Bula 1 & 2, Mbuku Bula 1 & 2 et Mbingamanga Bula.

L'arbre généalogique de ce clan se présente comme suit :

- L'ancêtre Phemba Malembe donna naissance aux filles Londa Phuati, Nzau Phuati, Vulu Phuati, Mfulama Phuati, Mbongi Mbungu, Nzinga Mbungu et Phemba

Mbungu puis les garçons Nguma Phuati, Mavungu Phuati et Ntedika Mbungu.

- Londa Phuati eut deux garçons : Phanzu Ngimbi et Phuati Ngimbi ; et deux filles Bibola bi Ngimbi et Tsindi Ngimbi.
- Bibola bi Ngimbi donna naissance à Pfuti Ngimbi aujourd'hui représentée par Ndelo Kalu Michel et Masuangi Kafuandi Nathalis de Numbu Bula 1 & 2 ; à Buanga Mbambi représentée par Nkongo Nsafu Nathalis de Mbingamanga Bula ; à Nzau Mbambi représentée par Nlenzo Mavinga Roger de Konde Ngombo et Tsasa Lubongo Gérard de Phumbu Bula ; et à mambu ma Mbambi représentée par Kambu Mvumbi Dieudonné de Kola Bula.
- Tsindi Ngimbi donna naissance à Phuati Bubulu (H) et les filles Fila Ndundu de feu Nzemba Muaka ; Nsongo Ndundu de feu Tsoto Mbuambu ; Phaka Ndundu de feu Mbenza Makaya ; Ndumba Phoba de feu Mbuiti Phuati Michel et Masuku ma Phoba de feu Nlandu Ludievo ; tous de Mbuku Bula 2 ainsi que Phemba Phoba et Makambu ma Mbumba gilbert de Numbu 1.

Notez que Nzau Phuati et Nzinga Mbungu vivent à Kimbenza Phene, Mfulama Mbungu et Mbonzi Mbungu à Biabu, Phemba Mbungu à Mbenza Matanga dans le Secteur de Luangu tandis que Vulu Phuati se trouve à Kimbenza baka dans l'entité administrative de Tsundi Sud (Secteur) en Territoire de Lukula.

Que dire du clan Phudi du village Mboma Bula ?

b) Clan Phudi (village Mboma Bula)

L'ancêtre féminin commun Tsimba Muanzu donna naissance à l'unique garçon tembila Ngimbi et à six filles qui sont : Phaka Ngimbi, Ngudi Ngimbi, Umba Ngimbi, Tsanga Ngimbi, Kunza Ngimbi et Kiowa Ngimbi.

- Phaka Ngimbi mit au monde deux garçons Nzemba Phambu et Phambu Phambu, et les filles Tsimba

Phambu, Phaka Phambu, Tsueti Phambu et Khonde Phambu.

- Ngudi Ngimbi donna naissance à une fille appelée Ngudi Tsimba et à deux garçons : Umba Tsimba et Tsoni Tsimba.
- Umba Ngimbi vit au village Vaku Nlolo dans le Secteur de Luangu.
- Tsanga Ngimbi et Kiowa Khuwa évoluent dans le Secteur de Kakongo et Kunza Ngimbi dans le groupement Tende, Secteur de Tsundi Sud.
- Tsimba Phambu donna naissance à Phambu Woyo (une fille) et à Mboko Woyo (un garçon).
- Phaka Phambu donna naissance aux filles Umba Mavungu, Phambu Mavungu, Tsana Mvemba, ainsi qu'aux garçons Mvemba Mavungu et Lau di Mvemba.
- Tsuete Phambu donna naissance aux filles Mambu Mbungu, lau Mbungu et Tsimba Mbungu et aux garçons Ngoma Mbungu et Phambu Mbungu.
- Khonde Phanzu donna naissance aux filles Umba Mavungu et Mbumba Nkiama ainsi qu'aux garçons Bueya Mavungu et Phuati Nkiama.

Toutes ces lignées sont représentées au village Mboma Bula.

1. Enquête administrative de l'A.T Tordeur

Comme nous l'avons signalé dans l'introduction de ce chapitre, le quatrième point du chapitre exposera in extenso l'enquête administrative menée en 1937 par l'Administrateur de Territoire du Mayombe, Monsieur Tordeur.

Le texte sous nos yeux (rapport de cette enquête), dactylographié en son temps, c'est-à-dire il y a plus ou moins un siècle, présente quelques failles notamment l'illisibilité. Nous avons essayé de résoudre le problème de la manière suivante : En premier, nous présentons le rapport de l'enquête de l'A.T Tordeur déjà déchiffré et en second lieu (en annexe), et par souci d'authenticité du texte original, nous présentons ce texte original du rapport d'enquête administrative tel que rédigé et signé par Monsieur l'Administrateur de territoire du Mayombe, Tordeur.

District du bas congo
Territoire du mayumbe

Rapport d'enquete sur le groupement Bula

I. Nom du groupement : BULA

Signification : « Bula » = casser, frapper. Les Benza de Bula ont pris ce nom parce qu'ils étaient en tête de la migration BENZA, ils lui frayaient le passage. Le nom BULA - NAKU donné parfois au groupement vient du nom du premier chef médaillé : Naku Muanda.

II. Les gens de Bula sont des BAKONGO de clan BENZA.

III. Limites : voir en annexes P.V et croquis

Pays de transition : le N.O est entièrement forestier, le S.E est mi couvert de forêt, mi de brousse.

IV. Composition de la chefferie :

A. Villages et Hameaux

1) GANDA BULA : Manganda est l'investiture coutumière de l'ordre le plus élevé. Lc fondateur du premier Ganda Bula est Mabula NIATI, premier chef de la région. Ce village s'est fractionné à différentes époques et s'est reconstitué avec les descendants de ZUZI KUIMBA.

Chef actuel : TEDIKA MATUNDU

6 familles :

a) Chef de famille TEDIKA MATUNDU

5 Benza du clan ;

6 étrangers libres : 5 Makaba de Dizi et 1 Sundi de Kangu

b) Chef de famille Mombo Konde

3 H. du clan ;

8 étrangers libres : 1 Benza de Kinganda, 2 Benza de Tembe, 1 Sundi de Madinga, 2 Makuku de Buku Bula, 2 Nanga de Kuimba.

c) Chef de famille BAKISI BAKONDE

4 H. du clan ;

5 étrangers libres : 1 Sundi de Madinga, 1 Makaba de Dizi, 1 Makuku de Buku Bula, 2 Benza de Tembe.

d) Chef de famille BOKO KONDE

7 H. du clan ;

7 étrangers libres : 1 Benza de Samba, 1 Makuku de Buku Bula, 2 Makaba de Dizi, 2 Makaba de Kingulu, 1 Sundi de Madinga.

e) Chef de famille MAZEBO

7 H. du clan ;

6 étrangers libres : 1 Benza de Tende, 2 Pudi de Boma Konde, 2 Makuku de Buku Bula, 1 Benza de Lemba.

f) Chef de famille Mavungu Makuala

6 H. du clan ;

5 étrangers libres : 2 Sundi de Yingu, 1 Makuku de Sanga, 2 Makuku de Buku Bula.

2) KONDE : Makonde = investiture féminine.

Fondateur : Makonde Kuma. Du village de Konde, dépendaient autrefois des Pudi originaires de Vaku, ayant formé le village de Boma Konde. Ces Pudi se sont évincés à la faillite des terres de Bula et de tende, une fraction est actuellement rattachée à tende, une autre à Konde Bula.

Chef de village : Vuidi Dembe

3 familles :

a) Chef de famille Vuidi Dembe

7 H. du clan ;

4 étrangers libres : 2 Sundi de Yingu, 1 Benza de Biabu, 1 Makuku de Buku Bula.

b) Chef de famille Tuvi Dunzi

9 H. du clan ;

6 étrangers libres : 1 Sundi de Yingu, 2 Nanga de Kuimba, 3 Pudi de Boma Konde.

2 esclaves.

c) Chef de famille VUZA Malanda (fraction Boma Konde)

2 Pudi ;

2 étrangers : 1 benza de tende, 1 Manianga de ?

1 esclave.

3) SAMBI. De Sambi Bunda, surnom du fondateur Mambuku Kuala qui avait dû payer l'amende Pinga (adultère) à son oncle. Appartient à la même branche que Konde.

Chef du village : Gumba Nzaza

1 famille :

7 H. du clan ;

7 étrangers libres : 1 Sundi de Yingu, 2 Sundi de Buende Dizi, 1 Sundi de Madinga, 1 Makaba de Kingulu, 1 Pudi de Boma Konde, 1 benza de Sadisi Bula.

4) KINLANGU. S'appelait autrefois Yema. Nlangu wala (la rivière déborde) était le surnom du chef Gubu Luanda qui était extraordinairement bavard. Fondateur : Tsimba mavungu, revenu d'esclavage de Kuimba.

Chef du village : Zao Buba

3 familles :

a) Chef de famille Zao Buba

5 H. du clan ;

8 étrangers libres : 3 Makaba de Dizi, 3 Nanga de Kuimba, 1 Benza de Kasadi, 1 kakongo de Cabinda.

b) Chef de famille Muaka Makuala

10 H. du clan ;

2 étrangers libres : 1 Makaba de Dizi, 1 Makuku de Buku Bula ;

4 esclaves.

c) Chef de famille Mananga Manlolo

2 H. du clan ;

5 étrangers libres : 4 Makaba de Kingulu, 1 Makuku de Buku Bula.

Cette famille est une fraction de l'ancien kai Bula dont une autre fraction est à Pene.

5) PENE. Surnom de ledi Konde, qui après avoir attribué trois « bikanda » insignes d'investiture, s'en trouva lui-même dépourvu (pene = nu).

Fondateur : Kungu Pemba

Chef du village : Pebe Puati

2 familles

a) Chef de famille Pebe Puati

4 H. du clan ;

4 étrangers libres : 2 Nanga de Kuimba, 1 Benza de Dizi, 1 makaba de Kingulu.

b) Chef de famille Konde Boko

4 H. du clan ;

3 étrangers libres : 3 Benza de Dizi.

6) MUBA. Se nommait autrefois Buyu, du nom de la forêt Buyu. Muba est le surnom donné à Dunda Muimba, Fondateur, par des gens de Kotshe Zobe.

Chef du village : Vubu Mabinga

4 familles :

a) Chef de famille Vubu Mabinga

4 H. du clan ;

7 étrangers libres : 5 Makaba de Dizi, 1 Sundi de Yingu, 1 Sundi de Madinga.

b) Chef de famille Mavungu Mapidi

2 H. du clan ;

3 étrangers libres : 2 Sundi de Madinga, 1 Benza de Tende ;

4 esclaves.

c) Chef de famille Muimba Lubela

2 H. du clan ;

6 étrangers libres : 6 Benza de Dizi.

7) SADISI. Rameau détaché dans deux villages précédents. Les familles s'étaient séparées à cause d'une abondance extraordinaire de Pythons (boma).

Fondateur : Niangasa Panzu

Chef du village : Goma Muanda

3 familles :

a) Chef de famille Goma Muanda

11 H. du clan ;

6 étrangers libres : 1 Sundi de Yingu, 1 Sundi de Madinga, 1 Sundi de Tende, 1 Sundi de Dizi, 1 Makaba de Kingulu, 1 Pudi de Vaku.

4 esclaves.

b) Chef de famille Mavungu Gimbi

5 H. du clan ;

7 étrangers libres : 3 Makaba deDizi, 1 Benza de Dizi, 1 Sundi de Yingu, 1 Makaba de Bamba ;

1 esclave.

c) Chef de famille Konde Umba

3 H. du clan ;

3 esclaves.

8) BEMBE. Ce qui reste à la surface quand tout le reste a coulé au fond. Surnom du fondateur Panzu

Gimbi (chef de terre non investi), resté seul apte à gouverner après la mort de tous les ayant-droits.

Chef du village :Tula Tubila

2 familles :

a) Chef de famille Tula Tubila

7 H. du clan ;

4 étrangers libres : 1 Makuku de kasi Kuimba, 1 Makaba de Kingulu, 1 Pudi de Vaku Zebo, 1 Sundi de Madinga ;

3 esclaves.

b) Chef de famille Niangisi Kadueme

6 H. du clan ;

3 étrangers libres : 1 Makaba de Dizi, 1 Longi Kongo de Samba, 1 Makuku de Lukamba ;

6 esclaves.

9) SASA BULA. Sasa = asperger d'eau avec la tige de Kuisa (gingembre) en signe de dédain, parce que le fondateur Buku (surnom de Panzu Puna) s'est séparé de Ganda pour une question d'argent (vasa kuta : diviser le patrimoine).

Chef du village : Poba Dunda

4 familles :

a) Chef de famille Poba Dunda

8 H. du clan ;

3 esclaves.

b) Chef de famille Dambi Tubi

5 H. du clan ;

8 esclaves.

c) Chef de famille Luemba lu Tsakala

3 H. du clan ;

3 étrangers libres.

d) Chef de famille Dibandi Mabiala

1 H. du clan ;

3 étrangers libres : 1 Cabinda, 1 Sundi de Kungu Bambi, 1 Pudi de Vaku Zebo.

10) MBINGAMANGA BULA. (binga = minga, épouser, parce qu'ils se mariaient avec les gens de Bula).

Fondateur : Kikokama. Ils auraient été des Makaka de Bula (soldats ou bourreaux), donc de clan étranger. Par après, Bingamanga a reçu l'investiture de Bula. Ils se considèrent actuellement comme Benza.

1 famille : Chef Umba di Puanda.

4 Benza ;

4 étrangers libres : 1 Longi Kongo de Samba, 2 Makuku de Buku Bula, 1 Sundi de Yingu.

11) NUMBU. Nom d'une plante qui se fane rapidement. Les chefs qui se succédaient y mouraient facilement.

Fondateur : Panzu Gimbi.

Chef du village : Panzu Puati

2 familles :

a) Chef de famille Panzu Puati

9 H. du clan ;

3 étrangers libres : 2 Sundi de Yingu, 1 Makaba de bamba.

b) Chef de famille Umba Matoko

11 H. du clan ;

2 étrangers libres : 1 Benza de Kivutu, 1 Benza de Tende ;

1 esclave.

12) KIKOLA. Kola est le surnom du fondateur Ganga Niumvu qui avait arrêté un otage – buila kode ou kole -

Chef du village : Mavinga Kikela

1 famille :

12 H. du clan ;

5 étrangers libres : 1 Loango de Kinganda, 4 Sundi de Yingu ;

2 esclaves.

13) PUMBU. Fondateur Makaya Puati. Bodo Mombo son successeur arriva après sa mort. N'ayant plus d'aîné, il se déclara « pumbu » : pauvre.

Chef du village : Mabiala tsangu.

2 familles :

a) Chef de famille Mabiala Tsangu

9 Benza ;

9 étrangers libres : 2 Sundi de Yingu, 1 Nanga de Vonde, 1 Makaba de Vungu, 3 Benza de Kasadi, 2 Benza de Dizi.

b) Chef de famille Vutuka Bodo

8 Benza ;

9 étrangers libres : 2 Benza de Dizi, 1 Sundi de Buende, 2 Longi Kongo de Samba, 2 Makaba de Vungu, 2 Sundi de Yingu.

14) KONDE GOMBO. Du nom de la cheffesse Makonde Gombo.

Fondateur : Maki Gombo

Chef du village : Nimi Buka

2 familles :

a) Chef de famille Nimi Buka

10 H. du clan ;

6 étrangers libres : 6 Sundi de yingu.

b) Chef de famille Panzu Panzu

2 H. du clan ;

2 étrangers libres : 2 Sundi de Yingu.

15) BUKU BULA. Mambuku est une investiture mineure.

Le fondateur mambuku Nkanu reçut l'investiture de Bula.

Chef du village : Benza Mavumbu.

3 familles :

a) Chef de famille Benza Mavumbu

7 Makuku (ou Benza ?)

3 étrangers libres : 2 Longi Kongo de Samba, 1 Benza de Pene ;

3 esclaves.

b) Chef de famille Toto Masosa

10 Makuku ;

2 étrangers libres : 1 Pudi de Boma Konde, 1 Sundi de Kangu.

c) Chef de famille Tati Panzu

2 Makuku ;

4 Étrangers libres : 3 Makaba de Dizi, 2 Longi Kongo de Samba.

Les pages qui suivent portent sur l'étude des principaux clans.

B. Etude des clans principaux

Le clan propriétaire de la terre est le clan Benza mabula. Les villages Numbu – Konde Gombo – Pumbu – Bingamanga – Kikola – appartiennent à une autre branche Benza, plus proche parente de Benza de Biabu que des Benza de Bula. Cette version est controversée par plusieurs qui prétendent que tous les Benza sont très proches parentés (voir généalogie). Il est évidemment difficile de faire la part du vrai dans ces allégations.

Il y a quelques années, à la suite de différends avec le chef de Bula, ces villages s'étaient prétendus Makuku comme les gens de Buku Bula, pour se séparer de Bula. Cette affirmation est controversée par le fait que l'exogamie est observée entre tous les villages de Bula, sauf en ce qui concerne Buku (Makuku) et Boma Konde (Pudi). La version la plus vraisemblable est que cette lignée était restée en arrière dans les environs de Seke-Banza avec les gens de Biabu. Vers la fin de sa migration, le Mabula alla l'y chercher et elle vint le rejoindre soit à son emplacement actuel, soit à sa dernière station ; mais les derniers venus devaient être mêlés à des gens de Biabu.

Les gens de Buku seraient originaires de Sanga Sud et seraient des benza-makuku. Actuellement, ils se disent Benza, mais ils ne respectent pas l'exogamie avec les autres Benza.

Les gens de Buku sont des Bakama (alliées de Bula). Les Pudi de Boma Konde sont des « Boma » qui ont dû acheter la terre qu'ils occupent. Actuellement, une partie de ces derniers vit à Tende.

Devise : la devise est celle de tous les Benza :

« Mbenza kabenza ntu phusu,
Benza ntu mi batu ».

Le « nongo » spécial de Bula est celui-ci :

« Kaka nianga kinuni babakala ; Dimbu kuanga zikoze ; Ntinu minu ! » = Moi Kaka Nianga, l'aîné de tous ; La chute rompt les cerveaux ??? Le roi, c'est moi !

Origine du clan

Avant de traverser le fleuve Congo à Sanda Nzondo, le clan était établi à Kungu Binda. Il s'établit successivement à Padi Buete et Seke-banza où il laissa la lignée de Zao Bunzi. Puis il alla à Kuima Yangi. A partir de ce moment, sous la conduite de Niati Bunzi, le clan passe par Vonde, (où il laisse Vonde Kinlengi), Sizi (au Mongo Bote), y laissent Masizi, Kimbenza, Mazinga (Tandu Manzao), Benza Baka où il laisse Kimbauka comme « bakama » des Basundi. Là aussi, il se sépare de la branche Tembe et Tene qui traverse la Lubuzi pendant que le gros vient s'établir à son emplacement actuel.

Les Benza de Bula nient toute parenté avec les Benza de Tende.

L'ancêtre souche serait Bangala Muanda, descendant de la légendaire vua di Mabene.

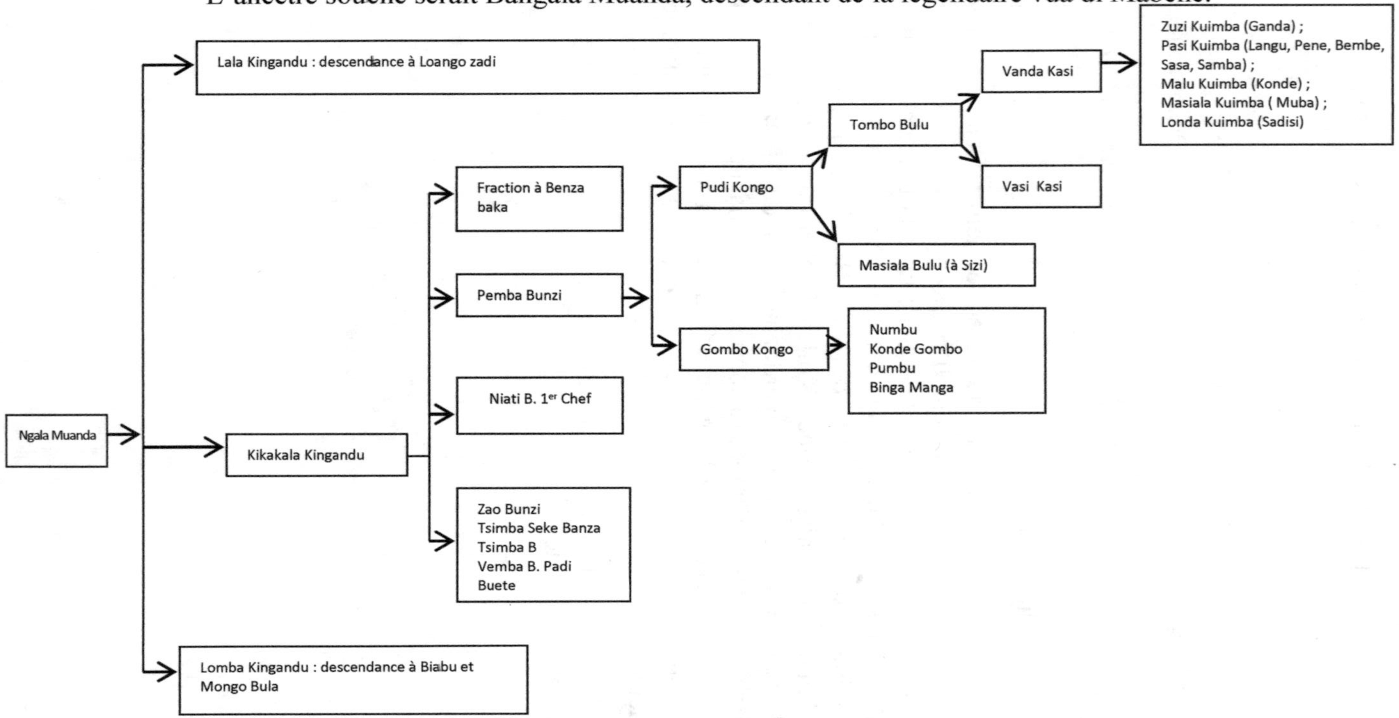

Tableau généalogique des chefs de Bula

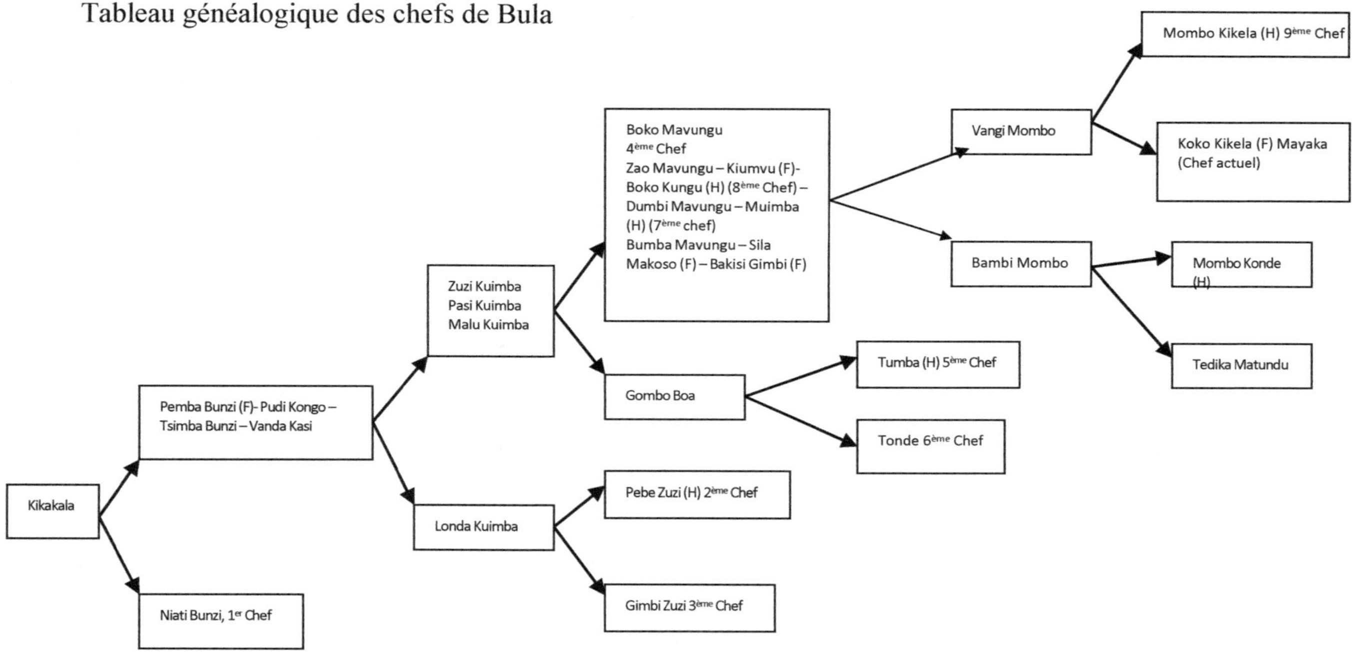

N.B : Naku Muanda, 1er médaillé ; descendant de Malu Kuimba

La parenté de la lignée principale avec la lignée de Mongo Bula (la Montagne) date au temps de Mabula Niati, c'est-à- dire à l'origine du groupement Bula. Rien d'étonnant que la notion de parenté se soit quelque peu effacée :

Interdiction alimentaire : Tous les membres du clan doivent s'abstenir du « *mbemba* » ou « *niumvu* » - l'aigle- sous peine de contracter une affection de la peau : « *bina* », pustules. Le premier chef, Niati, en ayant mangé fut couvert de pustules. Cette interdiction se transmet en ligne paternelle aux enfants issus de membres masculins du clan.

Remarquez que le « kisi tsi » génie de la terre, s'appelle lui-même NIUMBU MABULA.

Que dire sur la vie du groupement ?

C. Vie du groupement

La langue parlée est le dialecte vungunya.

L'initiation des jeunes filles se faisait à la hutte « nzo kumbi ». Cette pratique est tombée en désuétude. Sa signification est mal connue.

L'initiation des jeunes gens - ou de certains – au culte du génie de la terre se serait fait par l'intermédiaire de la secte KIMBA. Mais cela reste assez obscur. (Voir R.P. Bittremieux : De goheime Sokte 1er Bakhimba)

Il convient de parler de la formation du groupement au point suivant.

V. Formation du groupement

Les Benza de Bula auraient trouvé une terre sans maître à l'endroit qu'ils occupent actuellement. Leurs relations politiques avec leurs voisins ne sont pas connues. Ils auraient donné quelques terres à Binga et à Tende, mais il ne s'agit probablement que des transactions accidentelles. Rien ne prouve qu'il y ait eu subordination même nominale de ces clans à Bula.

Il en fut autrement avec les gens de Buku Bula qui étaient des alliés (*bakama*) et ceux de Boma Konde qui étaient des « *boma* » - approximativement clients - et qui achetèrent contre paiement d'un esclave le droit de s'établir sur les terres de Konde Bula. Exception non expliquée, ce n'étaient pas ces Boma qui avaient la garde du « *Pezo* » des investitures. Les Benza de Bula auraient apporté eux-mêmes leur Pezo.

Le rôle de « *Makaka* » (bourreaux et soldats) qui jouaient également un rôle dans les investitures, fut assumé par Binga manga puis par un village Makaba de Dizi (Butu), sans que cette particularité soit expliquée.

A côté de l'investiture majeure MABULA, qui ne coïnciderait pas toujours avec l'investiture MANGANDA, existe comme partout toute la gamme des investitures mineures, féminines et masculines : Makonde, Mavemba, Mambutu, Makayi, etc. Ces investitures semblent héréditaires dans des « vumu » (lignée) déterminées. Le village qui relève de la Makonde, etc. s'appelle Konde, Butu, Vemba, Kayi, etc. En général, dans les groupements où ces noms de villages sembleraient absents, ils existeraient, mais se réduisent à une famille incorporée à un autre village.

Il ne semble pas que ces investitures mineures existaient toujours simultanément, il semble au contraire qu'elles ne soient qu'occasionnelles.

L'investiture MAKONDE est la seule investiture coutumière que revêtent encore actuellement des cheffesses en vie.

La signification exacte de ces investitures échappe encore actuellement.

Organisation du groupement

Le 23 décembre 1903, le nommé « MABULA » chef de Ganda Bula a été reconnu chef de Bula. Sous le nom de NAKU MUANDA, il a été investi chef de Bula et de la région Binga le 1er mars 1912. L'arrêté de création de la chefferie date du 15 mars 1912. Naku a été révoqué le 15 mars 1931 après une condamnation de deux ans de servitude pénale pour arrestation arbitraire et coups ayant entraîné la mort.

Son successeur TEDIKA MATUNDU ne fut pas investi : il reçut la médaille de M. Morel. Tedika fut aussi l'objet de poursuites pour les mêmes faits et subit une condamnation par défaut en 1931. Réfugié en Cabinda, il est rentré en 1936 et a bénéficié de la prescription de la peine.

Je parle du chef dans les lignes qui suivent.

VI. Le chef (Voir ci-dessus)

Le chef du groupement est le MABULA (seigneur Bula), par opposition aux chefs de villages : Makai, etc.

Insignes du chef : bibiadulu

- Kikanda : tablier en peau de protèle ;
- Kuisa : la tige de gingembre ;
- Bipambu : Hochets ;
- Diko : sceptre ;
- Putu lu bukulu : le petit panier contenant le pezo et les reliques des ancêtres ;
- Gundu : le chapeau tressé ;
- Minlunga : les bracelets de cuivre et de fer ;
- Meno ma ngo : les dents de léopard.

Le génie de la terre est NIUMVU BULA (l'aigle). Celui qui préside à l'investiture : BANGU.

Il existe un « *sasi* », cimetière réservé aux chefs investis (investiture majeure ou mineure). Ce « *sasi* » est représenté par une planchette conservée actuellement par l'aîné du clan. La planchette porte autant de trous qu'il y a eu de chefs ou de chéfesses investis enterrés au « *sasi* ». Chaque trou est garni d'un coquillage marin différent suivant le rang du chef.

Pouvoir du chef

Le chef est le représentant responsable des ancêtres. Sa volonté est celle du kisi tsi.

Redevances : la cuisse « *to* » de tout gros gibiers tué sur la terre ;

La peau, les dents et les griffes de tout léopard ;

La peau du Kikanda (protèle).

En outre, des redevances (mpaku) et vivres, etc. de chaque village. Pour réclamer le tribut dû (vakusa), le chef envoyait un bâton « *kawa* » au redevable.

En outre, le chef avait droit à des corvées qui cultivaient ses champs, construisait sa maison, etc. Mais il devait tuer un porc pour les régaler.

La maison du chef a droit d'asile.

Toutes les affaires importantes sont discutées par les principaux notables ; les décisions sont prises en conciliabule secret (Khoto ou kaza).

Pouvoir judiciaire : voir étude sur organisation judiciaire.

Les auxiliaires étaient :

- Kote Kuenda : les oreilles du chef ;
- Les Masona : soldats, ceux qui lui peignaient le visage le 1er jour de la semaine (nsona) ;
- Mabila : serviteur privé ;
- Matsabi : le gardien des coffres ;
- Makaka : les bourreaux (voir étude sur organisation judiciaire).

Mode successoral

Il semble qu'à Bula, le pouvoir soit héréditaire dans le « *vumu* » de Zuzi kuimba, sauf en cas de manque d'ayant-droit en âge de prendre le pouvoir. (Voir tableau généalogique). L'initiation du chef se faisait au « divuala », elle est mal connue.

Que retenir des chefs du groupement ?

VII. Les chefs du groupement

Les chefs investis coutumièrement sont au nombre de neuf :

1) NIATI BUNZI : aîné ;
2) PEBE ZUZI : lignée de Vanda Kasi, mère de Zuzi Kuimba ;
3) GIMBI ZUZI : idem ;
4) BOKO MAVUNGU : Vumu de Zuzi Kuimba ;
5) TIMBA : Vumu de Pasi Kuimba ;
6) TONDE : idem ;
7) MUIMBA : Vumu de Zuzi ;
8) BOKO KUNGU : idem ;
9) MOMBO KIKELA : idem. (Arrivée des Européens)

En outre, trois chefs de terre non investis : Zao, Kionga et Ziuka, appartenant à la lignée de Zuzi Kuimba.

Vinrent ensuite :

10) NAKU MUANDA : 1er chef médaillé, vumu de Malu Kuimba ;
11) TEDIKA MATUNDU : 2ème chef médaillé, vumu de Zuzi Kuimba (révoqué) ;
12) MOMBO SASA : chef actuel, vumu de Zuzi kuimba.

L'aîné de la lignée, qui est considéré unanimement comme le « *puidi mvila* » possesseur incontesté du clan, est MOMBO KONDE, frère aîné de Tedika Matundu. Lors de la désignation de celui-ci, il avait déjà cédé la direction effective du groupement. Actuellement, il ne désire pas davantage assumer les fonctions de chef du groupement. Son grand âge s'y oppose.

Son successeur légitime est TEDIKA MATUNDU. Il a lui-même subi une condamnation en 1931. Il ne désire pas non plus reprendre la direction du groupement.

Ces deux personnages faisant abandon de leurs droits, c'est MOMBO SASA, leur « *muana kazi* » qui devient le successeur légitime.

La candidature de MOMBO SASA ne rencontre aucune objection et n'est contestée par personne. Elle rencontre l'approbation générale.

Ce chef est proposé pour l'investiture (voir propositions pour l'érection du Secteur). Il est âgé de quarante ans environs, sérieux et dévoué. Il a donné satisfaction depuis qu'il exerce les fonctions de chef de groupement.

BULA, le 15 mars 1937

Sé/ Le Cdat A. T TORDEUR

Il est important de rappeler pour les générations futures la chronologie de succession des chefs de groupement Bula.

2. Chronologie de succession des Chefs de Groupement Bula

A partir de différents rapports d'enquête administrative établis par les Administrateurs du Territoire de Tshela, nous savons que Niati Bunzi (Ma Bula Niati Bunzi, frère de Phemba Bunzi) est l'ancêtre commun du clan Mbenza de Bula. A ce titre, nous le considérons comme le tout premier chef coutumier du groupement Bula.

Nous convenons d'appeler personnes du clan Mbenza de Bula, tous les desceandants issus de Phemba Bunzi, sœur de Niati Bunzi. Les enfants provenant de Vanda ki Khazi, fille de Phemba Bunzi formeront ce que nous désignons par lignées. Et, comme Vanda ki Khazi a donné naissance à sept filles, nous aurons les sept lignées suivantes : Nzuzi Kuimba, Phasi Kuimba, londa Kuimba, Malu ma Kuimba, Nzabi Kuimba, Ntula Kuimba et Masiala ma Kuimba.

Toujours fixé dans notre entendement, les sept lignées précitées donnent des sous- lignées. Par exemple, pour la lignée Nzuzi Kuimba, nous avons les sous-lignées : Nzovo Mavungu, Ngombo Mavungu, Ndemba Mavungu et Mbumba Mavungu.

Par ailleurs, il s'avère très important de noter qu'avant l'arrivée du colonisateur, une alternance dans la succession du pouvoir coutumier a existé entre les différentes lignées citées au paragraphe précédent. La question qui se pose maintenant est de savoir pourquoi, en dehors de la lignée Nzuzi Kuimba, les six autres lignées ne peuvent plus prétendre à la succession du pouvoir coutumier dans le groupement Bula ? La réponse est clairement donnée par l'A.T Tordeur en ces termes : « *Le pouvoir coutumier, dans le groupement de Bula, appartient au Vumu (lignée) Nzuzi Kuimba* ». Cette réponse claire de l'A.T Tordeur tranche par conséquent la controverse actuelle de la succession du pouvoir coutumier où, la sous-lignée Mbumba Mavungu voudrait se faire prévaloir seul détenteur. Disons pour clore définitivement ce débat stérile que Tordeur parle de la lignée Nzuzi Kuimba et non d'une sous-lignée quelconque.

Pour terminer cette introduction, nous soulignons avec force que la tradition orale et quelques textes sous nos yeux nous amènent à aborder ce point de chronologie de succession des chefs de groupement Bula en deux sous-points : Succession au pouvoir coutumier et chefs coutumiers qui ont régné au groupement Bula.

A. Succession au pouvoir coutumier dans le groupement Bula

Les écrits qui suivent, contiennent quelques plages blanches au niveau de la succession du pouvoir coutumier avant l'arrivée du colonisateur. Cette carence sera comblée par le sous-point intitulé « Chefs coutumiers qui ont régné au groupement Bula ».

Les chefs investis coutumièrement, avant l'arrivée du colonisateur sont au nombre de neuf, à savoir :

1er Ma Bula Niati Bunzi : frère de Phemba Bunzi ; ancêtre commun de Mbenza du groupement Bula ;

2ème Ma Bula Phebe Nzuzi : issu de Vanda ki Khasi (fille de Phemba Bunzi) ;

3ème Ma Bula Ngimbi Nzuzi : issu de Vanda ki Khasi ;

4ème Ma Bula Mboko Mavungu : lignée de Nzuzi Kuimba ;

5ème Ma Bula Timba : lignée de Phasi Kuimba ;

6ème Ma Bula Tonde : lignée de Phasi Kuimba ;

7ème Ma Bula Muimba Solo : lignée de Nzuzi Kuimba (sous-lignée Nzovo Mavungu) ;

8ème Ma Bula Mboko Kungu : lignée de Nzuzi Kuimba (sous-lignée Nzovo Mavungu) ;

9ème Ma Bula Mombo Kikhela : lignée de Nzuzi Kuimba (sous-lignée Nzovo Mavungu).

En sus, trois chefs de terre non investis, il s'agit de Nzau, Kionga et Ziuka. Ces chefs appartiennent à la lignée Nzuzi Kuimba et ils furent enterrés au cimetière ancestral réservé aux chefs investis. « Nsasi ».

Vinrent ensuite :

10ème Ma Bula Naku Muanda : 1er chef médaillé du groupement Bula.

La controverse suscitée autour de ce premier chef médaillé nous oblige de nous arrêter un peu sur ce cas.

En effet, il se raconte jusqu'à nos jours que les ancêtres de ce premier médaillé nommés Kimvelo ki Phandi et Mayuba ma Phandi, accompagnés de leur esclave Thombo Makoso, furent trouvés en pleine forêt de Mbata Zitsamu par Manyanga Mvemba. Ils seraient venus de Kungu di Kizu dans le secteur de Lubuzi, clan Manianga d'où ils ont fui pour avoir été poursuivis à cause de la sorcellerie.

Et, il ressort d'un procès coutumier suivi par Mavavala de Samba Bila que ces gens (ancêtres du premier médaillé) auraient été insérés dans la lignée Dilu ki Phanda après qu'ils aient marié Tombo Makoso à l'aïeul de Buala Yala Camille de Tsambi Bula. Ces ancêtres du premier médaillé vivaient à Konde di Bula leur village d'accueil, appartenant à la lignée Malu ma Kuimba, avec la bénédiction de feu Vueba qui fut chef du village de Tsambi Bula.

L'appartenance du premier chef médaillé au clan Manianga de Kungu di Kizu est confirmée par le jugement n°285/64-RC-RR.308 rendu par le Tribunal Coutumier du secteur de Bula – Naku, dont le siège fut composé des notables et juges Mboko banda, Président ; Ndeka Alfred, Phoba Nathalis, Simbu Luaka et Ntedika Jules ; Assesseurs[36], lequel jugement a opposé Malonda benoît à Mbungu Pascal, tous deux de Konde Bula. La teneur de ce jugement est comme suit :

« Bazuzi bawilu mamoso, bakongidi nzila mambu : Nge Malonda Benoît, diambu nge kunataka na tribunal yame kuma diambu ya phamba :

- *Kibila ya ntete : samu nge kuzaba ti mvila nange Manianga na kungu di Kizu, bubu nge mutu me funda mambu samu bapesa nge ba fiche na kuvasa dibuala ;*

[36] Mboko Banda, Chef de groupement Kingulu, est du village Kayi Kingulu, Ndeka Alfred de Luangu Dizi, Phoba Nathalis de Kai Phuati à Dizi, Simbu Luaka de Ngombe kasadi et Jules Ntedika de Nganda Madinga.

- *Kibila ya zole : samu pfumu buala tubaka nange ti beno vuandaka na beno, me kulomba ba fiche ve, nge kuwa ve, nge kena kusosa kaka ba fiche ;*
- *Kibila ya tatu : samu na thangu beno fundanaka, nge me kuwa ti nge kele mutu ya Kizu, nge kuendaka tuba na Mavungu Egide samu yandi kuiza tuba ti khaya na nge biminaka awa na Bula ;*
- *Kibila ya yiya : Samu bubu, Mavungu Egide me tuba ti yandi mosi kuvua nge, Khaya nange na Kizu me na Bula ve ;*
- *Kibila ya tanu : Samu na thangu nge kuwaka inua ya Mavungu Egide, bosi nge me tuba ti ikele muntu ya Kizu cent pour cent ;*
- *Kibila ya sambanu : Samu bapfumu yonso ya Bula na chef de groupement, me kuiza tuba ti, nge ikele muntu ya Kizu.*

D'où deux proverbes :

1° « Kifu ki tsi khulu : Tuka – Tuku, diau me batikila muana tsombe » ;

2° « Nsamu widi Bambangi, buna uzengokuandi kala ».

Bazengele

« Nge Malonda Benoît, vuanda na yi ntu ya Konde di bula, kana nge zona kubaka ba fiches ya Kungu di Bula, buna kuenda sosila yau na Kungu di Kizu na mvila ya Manianga me na Mbenza ve.

Mbungu pascal kele na mambu ve, nge fundaka yandi pamba. Nge Malonda Benoît fauna futa lapi ya Bazuzi 135 frs, sosa mbongo na 3 jours, kana yi kele ve, na 3 jours, nge kuenda na buloko (Bloc) CPC.

Le Greffier Sé/ Numbi Sévérin".

Naku Muanda dont la résidence était à Konde di Bula, fut investi chef de Bula et Mbinga le 1er mars 1912 et révoqué le 15 mars 1921 après une condamnation de 2 ans SPP pour arrestation arbitraire et coups ayant entraîné la mort. Sa tombe, construite en ciment, se trouve encore visible au cœur du village Nganda Bula 2, juste à quelques mètres en face du temple de l'Eglise protestante.

Il importe de signaler en passant que suite aux revendications du nommé Phuati Phanzu Léon de Konde di Bula, connu alors sous le nom de Phuati Matsona Léon, descendant de la branche Naku Muanda, il a été révélé par le Commissaire Sous-Régional du Bas-Fleuve, Gambembo Mikhamba, au deuxième paragraphe de sa lettre n°30772/BZ/0614/B.F/88 du 02 juillet 1988 adressée au gouverneur de Région du Bas-Zaïre à l'époque, ce qui suit : « *Tel qu'il est démontré dans les déclarations de chacune des parties et dans les conclusions des enquêteurs, le premier contestataire Phuati Phanzu, n'est pas du clan Mbenza de Bula et n'est donc pas un ayant droit du pouvoir coutumier de ce groupement* ».

Après l'explication concernant le premier chef médaillé du groupement Bula, continuons cette succession :

11ème Ntedika Khonde : deuxième chef médaillé issu de la lignée Nzuzi Kuimba, sous-lignée Mbumba Mavungu. Il ressort du rapport du 15 mars 1937 de l'A.T. Tordeur que l'intéressé ne fut pas investi mais il reçut simplement la médaille de Monsieur Morel. Il fut également l'objet des poursuites pour les mêmes faits que son prédécesseur et révoqué après avoir subi une condamnation à la prison de Boma en 1931. Réfugié au Cabinda, il est revenu en 1936 et a bénéficié d'une prescription de peine.

12ème Mombo Nsasi alias Nduma : 3ème chef médaillé,

désigné en 1937 et décédé en novembre 1990. On admet qu'il est de la lignée Nzuzi Kuimba, sous-lignée Mbumba Mavungu. Outre la fonction de chef de groupement Bula qu'il exerça pendant 45 ans, l'intéressé assuma aussi la fonction de Chef de Secteur de Bula Naku, de 1947 à 1960. Et, c'est pour éviter le cumul qu'il a provisoirement confié le poste de chef de groupement à Phoba Mfuka Timothé de la lignée Nzuzi Kuimba, sous-lignée Ngombo Mavungu du village Nganda Bula 2, en 1959 ;

13ème Mombo Matiaba Joseph : il a tenu les rênes du groupement de Bula pendant quelques années. Neveu de Mombo Nsasi, il est donc de la lignée Nzuzi Kuimba, sous-lignée Mbumba Mavungu. A sa mort, un intérimaire fut désigné en la personne de Mvunda Batulumuka de Bembe Bula, à l'issue d'une séance présidée par l'A.T.A Kene di Nzita de Tshela en date du 10 juillet 2003 et cet intérim dura 9 ans, presque une décennie.

14ème Nsavu Vonde Kilende ki Luvungu Léonard descendant de la lignée Nzuzi Kuimba, sous-lignée Ngombo Mavungu : il est le produit des première et deuxième concertations des descendants des sous-lignées Nzovo Mavungu, Ngombo Mavungu et Ndembe Mavungu, toutes filles de l'ancêtre féminin Nzuzi Kuimba.

A titre de rappel, c'est la sous-lignée Ngombo Mavungu qui garde depuis le temps des ancêtres les

« *bikhanda* » (insignes du pouvoir, cela prouve qu'elle est détentrice du pouvoir coutumier du groupement Bula).

Plébiscité par message n°090/BIS/0421/2012 du 24 septembre 2012 du gouverneur de province du Bas-Congo, suite à l'enquête menée par la Commission Provinciale chargée d'arbitrage et de règlement des conflits coutumiers tenue à Nganda Bula 1 en date du 07 mai 2012, le nommé Nsafu Vonde fut installé provisoirement chef de groupement Bula en présence du Chef de Secteur de Bula Naku, le nommé Tsueso Mvuende Chrisptophe, du Président de l'ANATC, le nommé Muaka vangu Roger, Chef de groupement Samba et de toute la notabilité du secteur de Bula Naku par l'A.T de Tshela, Charles Eloankoy, le mardi 16 octobre 2012.

Décédé le 27/05/2018, un intérimaire nommé Matoko de Nlangu Bula fut désigné en attendant le rapport d'enquête concernant la succession du pouvoir du groupement Bula.

15ème Mombo Nsungu Joseph : neveu du feu Nsafu Vonde, il est de la lignée Nzuzi Kuimba, sous-lignée Ngombo Mavungu. Il a été plébiscité par message n°090/Bis/CAB Gouv/KC/551/2021 du 06 juillet 2021 de son Excellence Monsieur le gouverneur de Province du Kongo central Atou Matubuana Nkulki.

En guise de complément d'information, nous donnons successivement : le contenu du message du gouverneur de Province, la décision portant reconnaissance d'un chef coutumier, le Procès-verbal d'installation provisoire et l'arbre généalogique du chef coutumier.

- Message officiel Du : -
  PROGOU/KC A MatadiA : - A.T/
  TSHELARPT : - VPM/MIN
  INTER SEDEC AC

- MINI DEC/AFF. COUT

- SG/ AFF. COU
  (Tous) A Kinshasa
- GOUVICE/KC
- MINIPRO-INTERSEC/ KC
- CP/PNC/KC
- DP/ANR/KC
- DP/DGM/KC
- IPTER/KC
- DIVINTERSEC/KC
- CD/AFF. COUT/KC
  (Tous) A Matadi
- PRESI/ANATC/TSHELA
- SECHEF/BULA –NAKU
- PRESI/CCRCC/BULA-NAKU
- GROUCHEF a.i/BULA

• Texte et signature

N°090/BIS/CAB.GOUV/KC/0551/2021 du 06 juillet 2021 stop HVS ET enjoindre vrg Tous Travaux cessants stop Et Ce vrg suivant éléments Probants ci-dessous double point

Primo : Lettre n°004/CCRCC/Sect.Lgo/2019 du 20 avril 2019 Relative transmission dossier enquête du Pouvoir coutumier groupement Bula menée par CCRCC/ Loango stop

Secundo : rapport d'enquête sur groupement Bula de Monsieur Tordeur du 15 mars 1397 stop

Tertio : P.V réouverture enquête de vacance Pouvoir Coutumier groupement Bula du 12 avril 2019 stop

Quarto : P.V Témoignage villachefs et notables villages voisins du 12 avril 2019 stop

INSTRUIRE Sechef/Bula - Naku Prendre décision Reconnaissance officielle en Vafeur Mr. Mombo Nsungu Joseph du clan Mbenza vrg Lignée Nzuzi Kuimba du village Nganda Bula 2 vrg En qualité GROUCHEF Bula en Secteur Bula - Naku stop Procéder installation provisoire intéressé conformément aux us et coutumes vrg Tout en respectant gestes barrières contre 3ème vague COVID-19 stop A cet effet vrg votre implication s'avère indispensable pour Assurance bon déroulement cette cérémonie stop M'accuser Réception Présent MSG Qui ne doit souffrir d'Aucune Négligence stop SP Full stop

Le Progou/KC

Atou Matubuana Nkuluki

- Décision n°2072/01/SECT.B.N/2021 du 22/07/2021 Portant RECONNAISSANCE D'UN CHEF DE GROUPEMENT

Le Chef de Secteur a.i :

Vu la Constitution de la République Démocratique du Congo ;

Vu le Décret – Loi N°081 du 02 juillet 1998 portant organisation Territoriale, politique et Administrative de la République Démocratique du Congo, spécialement en ses articles 161, 162 et 163 ;

Vu le Décret – Loi n°082 du 02 juillet 1998 portant statut des Autorités chargées de l'Administration des circonscriptions Territoriales de la République Démocratique du Congo ;

Vu l'Arrêté N°199/Sec AD du 06 juillet 1937 en Territoire du Mayombe, District du Bas-Fleuve et ce par le Chef de la Province de Léopoldville, créant le secteur de Bula-Naku ;

Vu l'Arrêté N°3072/011/BF/BC/2012 du 12/09/2012 de Monsieur le Commissaire de District du Bas-Fleuve à Tshela, désignant le chef de secteur a.i de Bula-Naku ;

Considérant le message officiel N°090/Bis/CAB GOUV/KC/0551/2021 du 06 juillet 2021 de son Excellence Monsieur le gouverneur de Province du Kongo Central, instruisant le Chef de Secteur de Bula – Naku de prendre une décision de reconnaissance officielle en faveur de Monsieur

Mombo Nsungu Joseph du clan Mbenza, de la lignée Nzuzi Kuimba, du village Nganda Bula 2, en qualité de Chef de groupement Bula en Secteur de Bula –Naku et de procéder à une installation provisoire de l'intéressé conformément aux us et coutumes sur des éléments probants ci-dessous :

1. La lettre N°004/CCRCC/SECT. LGO/2019 du 20 avril 2019 relative à la transmission du dossier d'enquête du pouvoir coutumier du groupement Bula menée par la CCRCC/ Loango ;
2. Le rapport d'enquête sur le groupement Bula de Monsieur Tordeur du 15 mars 1937 ;
3. Le Procès-verbal de la réouverture de l'enquête de vacance du pouvoir coutumier du groupement Bula du 12 avril 2019 ;
4. Le Procès-verbal de témoignage des chefs de villages et notables des villages voisins du 12 avril 2019 ;

Attendu qu'il y a lieu de régulariser sa situation Administrative ;

Vu l'urgence et la nécessité,

DECIDE

Article unique : Monsieur Mombo Nsungu Joseph est reconnu officiellement Chef de groupement Bula, Secteur de Bula – Naku, Territoire de Tshela, Province du Kongo Central.

Fait à Nganda Bula 2, le 22 juillet 2021

Le Chef de Secteur a.i de Bula – Naku

Christophe Tsueso Mvuende

- Procès – verbal d'installation provisoire

L'an deux mille vingt et un, le vingt-troisième jour du mois de juillet ;

Nous Christophe Tsueso Mvuende, Chef de Secteur a.i de Bula – Naku en présence de Monsieur Charles Iloanky Nkanga Nsonge, Administrateur de Territoire de Tshela, en Province du Kongo Central, nous trouvant à Nganda Bula 2, Chef-lieu dudit groupement, avons procédé à l'installation provisoire de Monsieur Mombo Nsungu Joseph en qualité de Chef de groupement Bula, conformément au message officiel N°090/Bis/CAB.Gouv/K.C/0551/2021 du 06 juillet 2021 de son Excellence Monsieur le gouverneur de Province du Kongo Central.

Pour que l'intéressé n'en ignore, nous lui avons remis copie du présent Procès-verbal.

En foi de quoi, nous avons dressé et signé le présent Procès-verbal aux jour, mois et an que dessus.

Le Chef de Secteur a.i de Bula-Naku

Christophe Tsueso Mvuende

Le Notifié

Mombo Nsungu Joseph

Chef de groupement Bula

Les Témoins

- Administrateur de Territoire de Tshela

Charles Iloankoy Nkanga Nsonge

- Le Secrétaire de Secteur

Julien Kumbu Umba

- Arbre généalogique du Chef de groupement Mombo Nsungu Joseph

Il y a eu et, peut être, il en aura encore de controverse concernant la succession du pouvoir coutumier au groupement Bula. En guise de solution, je recommande à la génération future de lire attentivement les lignes qui suivent. En effet, comme je l'ai indiqué dans l'introduction générale, le problème de la controverse du pouvoir coutumier est le fil rouge, le point noeudal de ma réflexion.

S'agissant particulièrement du groupement Bula, ce problème de succession s'était d'abord posé avec acuité et se pose encore aujourd'hui mais avec moins d'impact entre les descendants du clan Mbenza de Bula et ceux du 1er chef médaillé Naku Muanda. Le jugement n°085/64-RC-RR.308 rendu en 1988 par le tribunal coutumier du Secteur de Bula – Naku, confirme l'appartenance du 1er chef médaillé au clan Manianga. De plus, la lettre n°30772/BZ/0614/BF/88 du 02 juillet 1988 adressée au gouverneur du Bas-Zaïre par le Commissaire Sous-Régional du Bas-Fleuve, affirme que le nommé Phuati Phanzu, descendant du 1er chef médaillé n'est pas du clan Mbenza de Bula et donc, n'est pas ayant-droit du pouvoir coutumier du groupement Bula. En conclusion, nous sommes en droit d'asserter avec force et ce, dans un langage un peu trivial mais compréhensible par n'importe quel commun des mortels « qu'il n'y a pas match », c'est-à-dire que les descendants du 1er chef médaillé étant du clan Manianga, ne peuvent pas prétendre à la succession du pouvoir coutumier dans le groupement Bula.

La controverse actuelle à la succession du pouvoir coutumier dans le groupement Bula est l'œuvre de la sous-lignée Mbumba Mavungu qui prétend être, au détriment de trois autres sous-lignées (Nzovo Mavungu, Ngombo Mavungu et Ndembe Mavungu) pourtant aînées et toujours unies, seule et unique détentrice de ce pouvoir coutumier. On se rappelera ici l'intérim assumé par Mvunda Batulumuka près d'une décennie durant avant l'intronisation du chef de groupement Nsavu Vonde de la sous-lignée Ngombo Mavungu. Ici aussi, « il n'y a pas match » parce qu'aucune tradition orale, ou mieux, aucun écrit ne soutient les fausses allégations de la sous-lignée Mbumba Mavungu. Par contre, l'enquête administrative de l'A.T Tordeur (déjà citée) en 1937 tranche net la question : «*le pouvoir coutumier de Bula appartient à un ayant-droit de la lignée régnante (Nzuzi Kuimba) en âge de le prendre* ». D'où, il ne s'agit pas d'une sous-lignée ici. Tordeur parle de la lignée Nzuzi Kuimba qui est composée de quatre sous-lignées. De plus, si l'on admet l'axiome selon lequel celui qui détient, sans contestation, les « *bikhanda* » (insignes du pouvoir) est le détenteur légitime du pouvoir, alors la sous-lignée Mbumba Mavungu ne détenant pas ces « bikhanda » du groupement ne peut pas s'accaparer seule ce pouvoir coutumier du groupement Bula.

J'utilise maintenant la méthode de la critique peirastique pour consolider ma thèse. La méthode peirastique d'Aristote consiste à critiquer son adversaire en partant des axiomes mêmes de cet adversaire. Ici, la sous-lignée Mbumba Mavungu a toujours affirmé que les sous-lignées Nzovo, Ngombo et Ndembe Mavungu sont ses sœurs aînées de la lignée Nzuzi Kuimba. Or Tordeur dit dans son enquête de 1937 que le pouvoir coutumier du groupement Bula appartient au « *vumu* » (lignée) Nzuzi Kuimba. Donc, la sous-lignée Mbumba ne peut prétendre être seul ayant-droit à ce pouvoir.

Outre les paroisses Catholique, Protestante et Kimbanguiste ainsi que le centre commercial, le groupement Bula est composé de 26 villages :

1) Bembe Bula 1 ;
2) Bembe Bula 2 ;
3) Kayi ku Bula ;
4) Kola Bula ;
5) Konde di Bula ;
6) Konde di Mbenza ;
7) Konde Ngombo ;
8) Kungu di Bula ;
9) Mbingamanga ;
10) Mboma Bula ;
11) Mbuku Bula 1 ;
12) Mbuku Bula 2 ;
13) Mbuyu Bula ;
14) Muba Bula ;
15) Nganda Bula 1 ;

16) Nganda Bula 2 ;
17) Nlangu Bula ;
18) Nsalisi Bula 1 ;
19) Nsalizi Bula 2 ;
20) Numbu Bula 1 ;
21) Numbu Bula 2 ;
22) Phene Bula ;
23) Phumbu Bula.
24) Tsambi Bula ;
25) Tsasa Bula ;
26) Vemba Bula.

Après ces larges explications étayées des preuves palpables et crédibles, je le crois, je le pense et je le souhaite avoir résolu une fois pour toute, le problème de succession au pouvoir coutumier du groupement Bula. Que les générations futures fassent bon usage de ma modeste contribution.

Il m'est maintenant loisible de mettre en lumière l'arbre généalogique du chef de groupement Mombo Nsungu Joseph :

Arbre généalogique de la famille de Monsieur Mombo Nsungu Joseph

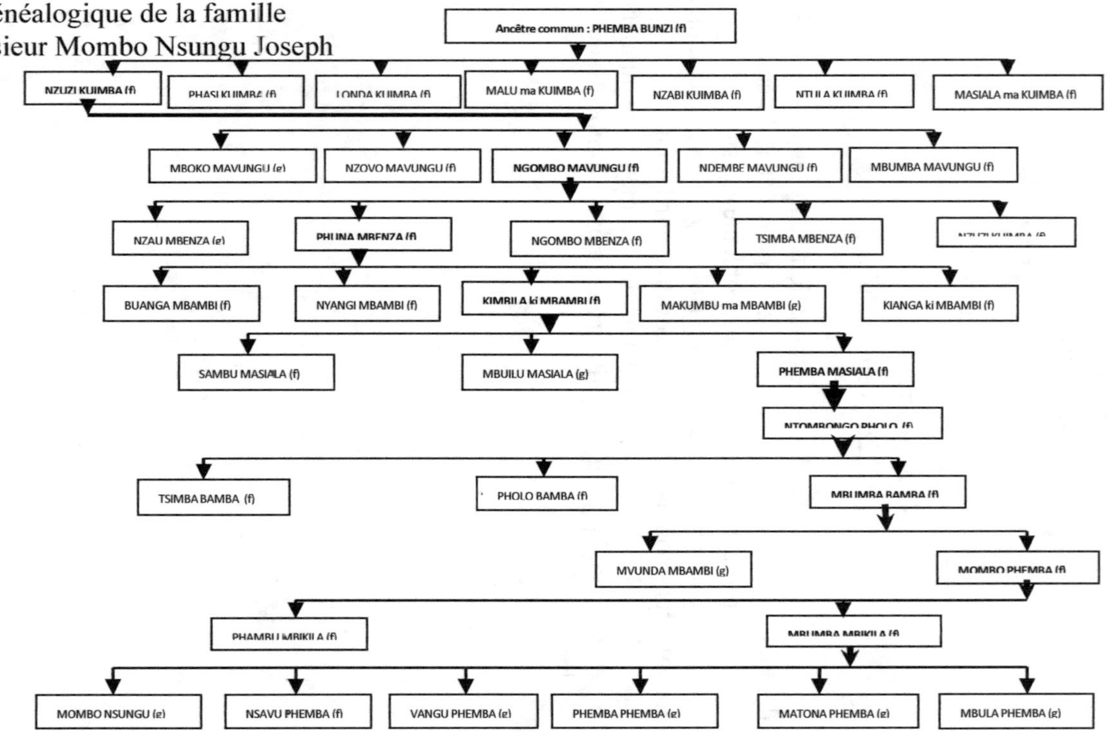

B. Chefs coutumiers ayant regné dans le groupement BULA

Au point A concernant la succession au pouvoir coutumier du groupement Bula, nous avons signalé que le texte présenté contenait quelques lacunes, quelques plages blanches surtout à propos de la succession avant l'arrivée du colonisateur belge.

Je veux maintenant combler ce déficit en listant les noms des chefs de groupement qui ont regné depuis l'existence de ce groupement jusqu'à nos jours. Il s'agit de :

1. *Niati Bunzi* : frère de Phemba Bunzi, ancêtre commun du clan Mbenza de Bula ;
2. *Mboko Mavungu* : Lignée Nzuzi Kuimba, frère de toutes les sous-lignées de la lignée Nzuzi Kuimba ;
3. *Mboko Kungu* : Lignée Nzuzi Kuimba, sous-lignée Nzovo Mavungu ;
4. *Muimba Solo* : Lignée Nzuzi Kuimba, sous-lignée Ndembe Mavungu ;
5. *Kionga ki Muanda* : Lignée Nzuzi Kuimba, sous-lignée Mbumba Mavungu ;
6. *Nzau Mbenza* : Lignée Nzuzi Kuimba, sous-lignée Ngombo Mavungu ;
7. *Mombo Kikhela* : Lignée Nzuzi Kuimba, sous-lignée Mbumba Mavungu ;
8. *Phebe Mombo* : Lignée Phasi Kuimba ;
9. *Timba* : Lignée Phasi Kuimba ;
10. *Ntikuti Phasi* : Lignée Phasi Kuimba ;
11. *Tondi Mbuambu (ou Nzita Mbuku)* : Lignée Phasi Kuimba ;
12. *Phanzu Matiaba* : Lignée Phasi Kuimba ;

13. *Kayi Konde (ou Tuala Matoko)* : Lignée Phasi Kuimba ;
14. *Kayi Niangasa* : Lignée Phasi Kuimba ;
15. *Ngimbi Nzuzi* : Lignée Londa ki Kuimba ;
16. *Phebe Nzuzi* : Lignée Londa ki Kuimba ;
17. *Makonde Khusa Thamba* (F) : Lignée malu ma Kuimba ;
18. *Mavemba Phukuta Nsavu* : Lignée Nzabi Kuimba ;
19. *Mambuku Vueba* : Lignée Phemba Kuimba (cette lignée n'existe pas) ;
20. *Naku Muanda* (1er chef médaillé) : Clen Manianga de kizu ;
21. *Tuvi tu Ndunzi* (2ème chef médaillé) : Clan Manianga de Kizu ;
22. *Ntedika Khonde* (3ème chef médaillé) : Lignée Nzuzi Kuimba, sous-lignée Mbumba Mavungu ;
23. *Mombo Nsasi alias Nduma Mombo* (4ème chef médaillé) : Lignée Nzuzi Kuimba, sous-lignée Mbumba Nzuzi ;
24. *Mombo Matiaba* : Lignée Nzuzi Kuimba, sous-lignée Mbumba Mavungu ;
25. *Nsavu Vonde* : Lignée Nzuzi Kuimba, sous-lignée Ngombo Mavungu ;
26. *Mombo Nsungu* : Lignée Nzuzi Kuimba, sous-lignée Ngombo Mavungu.

Il est important d'envisager quelques réflexions sur la vie du chef coutumier dans le chapitre qui suit.

Chapitre V

Quelques réflexions sur la vie du chef coutumier

Ce chapitre a pour matrice mes réflexions sur la vie du chef coutumier.

Il ne faut pas être un grand clerc pour constater que le monde évolue, qu'il change, qu'il va continuer à changer et ce, avec une vitesse vertigineuse. De ce qui précède, il découle que l'homme, le chef coutumier avec doit s'adapter au changement qu'impose notre humanité. Par ailleurs, un aphorisme dit que « *l'habit ne fait pas le moine* ». Mais l'on peut rétorquer que c'est par l'habit qu'on reconnaît le moine. Il en est de même pour le chef coutumier, son habit d'apparat ne fait pas de lui ipso facto un chef digne de ce nom, mais c'est plutôt sa manière d'être, son comportement et, disons-le sans ambages, par son avoir qu'on le reconnaîtra réellement comme chef.

S'agissant particulièrement du problème de l'avoir pour le chef coutumier, j'entends déjà en sourdine quelques reproches telle que : le chef coutumier doit-il disposer des moyens suffisants ? A la suite de ces reproches probables et légitimes, nous décidons de nous arrêter un peu sur ce sujet.

A titre d'exemple, trouvons-nous à New York, à l'Assemblée Générale des Nations-Unies où plusieurs chefs d'Etat doivent prendre parole. Que constate-t-on ? La présence des délégations dans la salle est plus importante lorsqu'il s'agit de l'intervention d'un chef d'Etat d'un pays puissant, riche que lors de l'intervention de son homologue d'un pays pauvre, sous-développé. C'est comme qui dirait que la sagesse du pauvre n'est pas écoutée. Autre exemple, plus près de nous, dans nos familles respectives, l'on peut se poser la question : quelle est la personne la mieux écoutée lorsque survient un problème heureux (mariage) ou malheureux (décès) ? La réponse saute aux yeux et nous ne devons pas nous leurrer de peur à transformer la réalité en spectacle. C'est dans cette perspective que l'on entend souvent « *a lobi nini* ? » qu'a-t- il dit ? Comprenez par-là, comment veut-il résoudre le problème qui se pose ? Ici, l'allusion aux avoirs, surtout financiers, est claire.

Parler de la vie du chef coutumier, comme pour toute autre fonction publique revêt une importance capitale parce que cela conditionne en grande partie son comportement dans l'exercice de ses fonctions. En bref, cela conditionne son honorabilité. Le temps du féodalisme pour l'Europe comme celui de « *Mbongi* » (résidence du chef coutumier avec en arrière plan, entrepôt de plusieurs biens) pour les chefs coutumiers traditionnels, est largement révolu. D'où, il est temps pour le chef coutumier et l'Etat congolais (RDC) de changer de paradigme de vie au risque de ressembler à ces Byzantins[37] qui discutaient du sexe des anges alors qu'un vrai combat se déroulait à la porte de leur ville.

A l'Etat congolais (RDC), il est un devoir sacré de mettre le chef coutumier dans des conditions qui montrent que c'est un noble. Partant de l'aphorisme « *ventre affamé n'a point d'oreilles* », l'on peut asserter qu'un chef (quelles que soient ses fonctions) mis dans des conditions de précarité est susceptible de commettre des abus du pouvoir. Le chef coutumier, quant à lui, doit se rendre compte qu'il y a un dénominateur commun pour tous les chefs coutumiers. Ce dénominateur commun s'appelle la terre. En effet, chaque chef coutumier possède ce patrimoine terre. Alors, mettons-la en valeur pour éviter de paraître comme des parias. Mettons notre cerveau en

---

[37] Extrait de Wiktionnaire :

Byzantin : - relatif à Byzance, relatif à l'Empire romain d'Orient, relatif à l'école de Théologie de Byzance, et aux rites religieux spécifiques de cette église.
- Péjoratif : qui est d'une subtilité excessive, compliqué à l'excès.
- Figuré : discuté, incertain (par allusion aux disputes sur le « sexe des anges » qui occupaient les Byzantins alors que leur ville était assiégée par les Turcs.

mouvement en inventant des moyens capables d'améliorer notre vécu quotidien.

Pour une raison purement didactique, outre cette introduction, je subdivise ce chapitre en trois points : le premier point parlera de la vie du chef coutumier avant la colonisation, le deuxième point abordera la vie du chef coutumier pendant la colonisation et enfin le troisième point traitera de la vie du chef coutumier après la colonisation.

V1. La vie du chef coutumier avant la colonisation

D'entrer de jeu notons que « la périodisation de la préhistoire africaine par les anglo-saxons est fondée sur une tripartition, tandis que les francophones utilisent un système plus détaillé, non limité à l'Afrique. La préhistoire qui commença par l'apparition de l'homme jusqu'à l'homme moderne explique l'existence et l'origine de l'homme. D'origine africaine, toutes les couleurs de la peau viennent d'Afrique car elles ont en commun presque les mêmes formations génétiques. L'homme moderne encore appelé Homo Sapiens pour son savoir et sa conquête tout autour gagna d'autres régions qui sont aujourd'hui devenues des continents[38].

Inspiré par le paragraphe qui précède, j'ai la possibilité d'établir un certain parallélisme entre la vie des Seigneurs dans le féodalisme en Europe et celle de leurs correspondants ou mieux leurs homologues, les chefs coutumiers d'avant la colonisation puisque l'ADN de deux catégories de personnes est le même.

Le féodalisme[39] défini comme système politique, économique et social du Moyen âge est fondé sur la féodalité et l'oppression d'un peuple majoritairement paysan par une aristocratie foncière qui exerce un pouvoir politique (et religieux), judiciaire et militaire.

[38] https://fr.wikipedia.org/wiki/liste de colonisations de/vo 27/Afrique précoloniale
[39] Extrait du wiktionnaire

Plusieurs définitions peuvent être proposées au terme de féodalité[40] :

- La féodalité peut être conçue comme un système politique caractérisé par de forts liens de dépendance d'homme à homme avec une forte hiérarchisation d'instances autonomes, l'autorité centrale, le pouvoir souverain, la puissance publique étant partagés dans les faits avec des principautés ou des seigneuries s'appuyant sur la détention de fiefs.
- La féodalité peut aussi être définie comme un ensemble d'institutions et de relations concernant toute la société féodale, créant et régissant des obligations et des services - principalement militaires – de la part d'un homme dit « *vassal* » ayant le plus souvent pour effet la concession par le seigneur au vassal d'un bien dit «*fief*».

Par parallélisme de forme à la vie des Seigneurs du féodalisme qui vivaient essentiellement des tributs apportés par leurs vassaux, le chef coutumier traditionnel (avant la colonisation) vivait à partir de son « *Mbongi* » (résidence du chef coutumier, considérée en même temps comme un entrepôt où ses sujets mettaient une bonne partie du fruit de leur travail (tributs) : gibiers, poissons et divers produits agricoles à telle enseigne que le chef coutumier traditionnel ne manquait de rien (*fuma ki nkulutu ki yumanga ko*), bien au contraire, l'abondance était telle que le chef coutumier se servait du surplus pour la réception des étrangers et l'aide aux nécessiteux de sa juridiction.

Autrement dit, le chef coutumier traditionnel menait une vie aisée, il était la personne à qui tout le monde s'adressait en cas de nécessité. Sa force s'étalait sur tous les secteurs de la vie : économie, spiritualité, justice, etc. Bref, le chef coutumier d'avant la colonisation était un vrai chef, une personne incontournable, une personne - solution, une personne - ressource.

---

[40] https://fr.wikipedia.org/wiki/Féodalité

Le rapport de l'enquête de 1937 de l'A.T Tordeur illustre clairement la vie que menait le Chef Coutumier dans l'exercice de son pouvoir.

V2. La vie du chef coutumier pendant la colonisation

L'un des méfaits majeurs, selon notre entendement, de la colonisation en Afrique noire surtout est sans doute l'acculturation de ce peuple. Le peuple colonisé d'Afrique noire était contraint par la force d'abandonner sa culture pour son arrimage sur la culture de son colonisateur et, l'Eglise chrétienne était mise à contribution pour la réussite de cette entreprise infernale. A ce propos, le discours du Roi des Belges Leopold II aux missionnaires du Congo le 12 janvier 1883 est lourd des conséquences:

> « *Révérends Pères et chers compatriotes, soyez les bienvenus dans cette grande partie du Congo Belge. La tâche qui vous est confiée à remplir est très bien délicate et demande beaucoup de tact. Prêtres et Pasteurs, vous venez certes pour évangéliser, mais votre évangélisation doit s'inspirer de notre grand principe :*
>
> *Avant tous les intérêts de la Métropole.*
>
> *Le but principal de votre mission au Congo n'est donc pas d'apprendre aux nègres à connaître Dieu, ils le connaissent déjà depuis leurs ancêtres, ils parlent et se soumettent à Mungu, Nzambi, Nzakomba, Moukoulo, etc. et que sais-je encore. Ils savent que tuer, voler, coucher avec la femme d'autrui, calomnier et insulter sont des actes mauvais. Ayons le courage de l'avouer, vous venez, non pas pour leur apprendre à connaître ce qu'ils savent déjà. Votre rôle essentiel qu'est l'enseignement est de faciliter la tâche aux administrateurs et aux industriels. C'est donc dire que vous interprétez l'évangile de façon qu'il serve à mieux protéger nos intérêts dans cette partie du monde. Pour ce faire, vous veillerez entre autre à*

désintéresser nos sauvages noirs des richesses dont regorgent leurs sols et sous-sols pour éviter qu'ils s'y intéressent, qu'ils ne nous fassent pas de concurrence meurtrières et rêvent un jour à nous déloger de cette partie avant qu'on s'enrichisse. Notre connaissance de l'évangile nous permettra facilement de trouver des textes recommandant, faisant et aimer la pauvreté.

Tel que : « Heureux les pauvres en esprit car le royaume des cieux est à eux. Il est plus difficile à un riche d'entrer au ciel qu'à un chameau de passer dans le trou d'une aiguille ».

Vous fairez tout pour que les Nègres aient peur de s'enrichir pour mériter le ciel. Les soutenir petit à petit pour éviter qu'ils ne se révoltent un jour. Les industriels et les administrateurs se verront obligés de temps en temps pour se faire craindre de recourir à la violence. Battre, injurier, arrêter pour se faire respecter. Il ne faudrait pas que les Nègres ripostent ou se nourrissent de vengeance. Pour cela, vous les enseignerez par tous les moyens et les inciterez à suivre l'exemple de tous les saints qui ont tendu la joue, qui ont pardonné les offenses, qui ont reçu des crachats sans tressaillir et les insultes. Les détacher et les décourager de tout ce qui pourrait leur donner le courage de nous affronter. Je fais ici allusion spécialement à leurs nombreux fétiches de guerre qu'ils ne prétendent point abandonner »[41].

Nous voilà édifié sur la pensée du colonisateur à propos de l'attitude, du comportement que doit adopter son colonisé. Pourtant, un axiome enseigne qu'un peuple sans culture est un arbre sans racines.

---

[41]https://fr.scribd.com/document/322593180/Discours-du-Roi-Leopold-II-aux-Missionnaires-du-congo-en-1883

Pour notre gouverne, retenons que le chef coutumier n'a pas échappé complètement à cette machine d'acculturation qui, en plus, lui a fait perdre non seulement son indépendance, mais aussi son emprise sur ses sujets, chose très grave et funeste.

Dans l'introduction générale de ce livre, nous avons indiqué que la colonisation est l'une des causes de la controverse du pouvoir coutumier en République Démocratique du Congo. En effet, la première difficulté de l'administration coloniale lors de l'installation (à son gré) des chefferies et groupements fut l'identification des chefs coutumiers considérés comme légitimes, aussi bien pour la population que par les autorités coloniales. En effet, le pouvoir colonial n'avait qu'une confiance très limitée dans ses interlocuteurs locaux et a préféré désigner en tant que chef coutumier des clercs et des gradés de la Fonction publique qui avaient été un peu occidentalisés (acculturés) et lui étaient redevables. Remarquons que nous touchons ici le cœur du problème de la controverse du pouvoir coutumier. En réaction, afin de se soustraire à l'autorité coloniale, certains chefs coutumiers firent nommer des hommes de paille (cela pourrait s'apparenter à un réflexe de survie). De plus, dans des contextes de lutte pour le pouvoir local, certains utilisèrent leurs relations avec le pouvoir colonial pour se faire nommer à la place du chef légitime selon la coutume[42].

Jean Battory et Thierry Vircoulon, dans un article publié dans Notes de l'Ifri et intitulé : « Les pouvoirs coutumiers en RDC : Institutionnalisation, politisation et résilience »[43] présentent en 2020 presqu'exclusivement un aspect positif de la vie du chef coutumier pendant la colonisation. Suivons ces deux auteurs attentivement mais en nous armant de pincettes. Ces auteurs déclarent que loin d'être un archaïsme précolonial, les chefs coutumiers sont une des

---

[42] DE HEMPTINE, J., *La politique indigène du gouvernement belge*, Congo, vol.2, 1928.

[43] Jean BATTORY et Thiery VIRCOULON, *Les pouvoirs coutumiers en RDC : Institutionnalisation, politisation et résilience*, Notes de l'Ifri, Ifri, mars 2020.

premières manifestations de la modernité politique. La généralisation de chefferie dans le cadre territorial du Congo est en grande partie l'œuvre du colonisateur belge. Depuis l'époque coloniale, les chefs coutumiers sont parvenus à préserver leurs prérogatives et à rester les gestionnaires du foncier et pourvoyeurs de justice locale (sic !). Ces auteurs ajoutent que face au défi d'administrer un pays de 2,3 millions de Km^2, le pouvoir colonial belge a mis en place un système de gouvernance du territoire basé sur la généralisation des chefferies encore en vigueur selon le principe « *un territoire, une coutume, un chef* ». S'il en a inventé certaines, il a incorporé celles qui préexistaient dans le système de gouvernance bureaucratique moderne. A ce titre et de manière contre-intuitive, les chefferies ne sont pas l'opposé de la modernité politique mais une de ses premières manifestations.

Plus loin, Battory et Thierry enchaînent en indiquant que paradoxalement, alors que les chefs coutumiers sont souvent présentés comme les derniers représentants du passé précolonial, c'est grâce à la colonisation que ces derniers ont été généralisés et ont acquis une place incontournable dans le système de gouvernance du territoire congolais, inaugurant une nouvelle territorialisation du pouvoir.

Aux allégations avancées par les auteurs nommés ci-dessus, il faut nécessairement apporter quelques bémols voire s'inscrire en faux. En effet, la nouvelle territorialisation du pouvoir dont parlent Battory et Thierry par exemple, n'est rien d'autre q'une imputation des prérogatives du chef coutumier d'avant la colonisation. De plus, avec le changement du système économique apporté par le colonisateur, le chef coutumier de la période coloniale a perdu graduellement mais sûrement son « *Mbongi* », sa résidence considérée aussi comme entrepôt où ses sujets déposaient leurs tributs. Ici, l'on peut le constater facilement que la descente aux enfers dans la vie du chef coutumier avant la colonisation, se sont ajoutées d'autres obligations notamment la scolarisation de ses enfants, les soins médicaux, l'assistance parfois obligée à des réunions officielles tenues loin de son domicile. Bref, comparativement à la période avant la colonisation, le train de vie du chef coutumier a fortement diminué entraînant du même coup la perte progressive de son honorabilité.

V3. La vie du chef coutumier après l'indépendance

A l'introduction de leur article consacré aux pouvoirs coutumiers en République Démocratique du Congo, Battory et Thierry déclarent ce qui suit : « En république Démocratique du Congo, les chefs coutumiers jouent un rôle majeur qui n'a jamais été mis en cause depuis l'époque coloniale et qui a même été renforcé par les évolutions institutionnelles et politiques depuis l'indépendance. Dans un pays sous-continent, sous-administré et constitué d'immenses espaces ruraux, les chefs coutumiers sont les premiers policiers, magistrats et gestionnaires du foncier. Ces tâches ont été consacrées par les lois coloniales et ont été in fine affirmées très récemment dans la loi n°015 portant statut des chefs coutumiers adoptée en 2015»[44].

A titre de rappel, notons qu'après l'indépendance, le pouvoir politique a essayé de se défaire des chefs coutumiers sans y parvenir. De 1960 à nos jours, la dynamique des relations entre les chefs coutumiers et le pouvoir politique a été un mouvement de balancier : à leurs débuts, les nouvelles élites politiques ont tenté de contrôler les chefferies et groupements puis, l'exercice du pouvoir leur a fait comprendre les risques qu'elles prenaient en se les aliénant. De leur côté, les chefs coutumiers ont très tôt compris l'intérêt qu'ils pouvaient retirer de leur participation aux jeux de pouvoir de l'Etat. De ce fait, non seulement le régime mobutiste n'a pas remis en cause la place du pouvoir coutumier dans le système institutionnel, mais il l'a aussi incorporé dans le système politique en ouvrant la boîte de Pandore de la politisation des chefferies et groupements. Depuis cette époque, la boîte de Pandore est toujours ouverte et la dépendance mutuelle entre les élites politiques et les chefs coutumiers prévaut, ce qui constitue pour les uns comme pour les autres une garantie de survie.

---

[44] Jean BATTORY et Thierry VIRCOULON, *Op.Cit.*

Jetons encore un coup d'œil circulaire sur l'amoindrissement progressif du pouvoir du chef coutumier et par conséquent la diminution drastique de son train de vie. Conscient de l'importance du pouvoir coutumier, Mobutu se fit introniser chef coutumier dans plusieurs provinces. Mais dans la phase de mise en place du régime mobutiste, il essaya aussi de diminuer le rôle des Chefs Coutumiers. Inspirée par la révolution maoïste, la politique d'authenticité zaïroise s'efforça de cantonner les chefs coutumiers à un rôle culturel[45]. Les réformes de la justice et du droit foncier initiées à la fin des années 1960 et poursuivies jusqu'au début des années 1990 étaient censées amputer les chefs coutumiers d'une grande partie de leurs pouvoirs pour mieux asseoir la domination du Mouvement Populaire de la Révolution (MPR).

En 1968, Mobutu souhaita mettre fin à l'organisation judiciaire héritée de l'époque coloniale et remplacer les tribunaux coutumiers par des tribunaux de paix[46]. En 1979, une première ordonnance imposa les tribunaux de paix à Kinshasa, avant d'être étendue à tout le territoire en 1982. Une fois encore, cette mesure ne put être mise en œuvre sur l'ensemble du territoire. Il convient en outre de noter que le remplacement des tribunaux coutumiers par des tribunaux de paix n'équivalait pas à une exclusion des chefs traditionnels de la justice. En effet, les tribunaux de paix étaient composés d'un magistrat de carrière qui était le président et de deux assesseurs proposés par les chefs traditionnels.

Les prérogatives du chef coutumier se sont amoindries davantage suite au problème de la gestion de la terre. Tenez, en 1973 alors que la gestion foncière coutumière par les chefs de terres était prédominante en milieu rural, la loi foncière fut revue en profondeur. Elle conféra à l'Etat le pouvoir exclusif de la gestion des terres urbaines et rurales et disposa qu'une ordonnance présidentielle réglerait les droits de

---

[45] B. WHITE, « *L'incroyable machine d'authenticité. L'animation politique et l'usage public de la culture dans le Zaïre de Mobutu* », Anthrologie et sociétés, Vol. 30, n°2, 2006, pp 43-63.

[46] Ordonnance – loi n° 68-248 portant code de l'organisation et de la compétance judiciaire du 10 juillet 1968.

jouissance des communautés rurales sur leurs terres[47]. Bien que cette loi foncière ait été revue en 1980, l'ordonnance en question ne fut jamais élaborée. Dès lors, peut-on insinuer d'un oubli que les différents gouvernements depuis n'ont jamais comblé ? De toute façon, il s'observe de facto que la majeure partie des terres rurales continue aujourd'hui à relever du régime coutumier. Ainsi, la République Démocratique du Congo connait une situation de dualisme juridique classique dans le domaine foncier en Afrique avec une forte contradiction du légal et du légitime, de la norme et de la pratique dans les mécanismes d'appropriation foncière[48]. Ainsi, les chefs coutumiers exercent un contrôle sur les terres communautaires considérées comme propriété du clan ou des lignages alors qu'elles sont la propriété de l'Etat selon le droit congolais. Ils en assurent la distribution et y ont un droit de regard reconnu par tous, autorité moderne comprise. Les chefs coutumiers revendiquent une légitimité historique et sociale de gestion et défendent l'autochtonie en matière foncière, c'est-à-dire le droit du premier occupant. Retenons que cette question pendante demeure d'actualité.

Après ces analyses parfois fastidieuses concernant la vie du chef coutumier avant, pendant et après la colonisation nous voici au moment de tirer les enseignements de nos observations. Il en existe certainement d'autres au point où nous pouvons asserter que la liste est longue. Alors que pouvons-nous retenir en substance à propos de la vie actuelle du chef coutumier ? Selon notre entendement, la vie du chef coutumier ordinaire (c'est-à-dire n'exerçant pas d'autres fonctions) ne se montre pas très reluisante. En effet, la perte de l'effectivité de son « *Mbongi* » qui n'a pas été compensée par quelque chose de substantiel en est pour nous la grande cause. Bref, il ne s'est pas créé un mécanisme de substitution, de compensation. Et un proverbe du terroir renchérit dans ce sens : « *nge ziona mbele mu mioko mi muana lezi, buna vingisa toto* », la tradition littérale, si tu arraches un couteau des mains d'un enfant, il faut le remplacer par un bâton. La morale du proverbe : « *si vous*

[47] Loi (Bakaj).
[48] LE ROY, E., *Les pluralismes juridiques*, Karthala, Paris, 2003.

prenez à quelqu'un quelque chose de force, il faut remplacer cette chose par une autre en guise de substitution ». Dans le cas sous étude, c'est-à-dire la vie du chef coutumier, le « *Mbongi* » perdu depuis la colonisation, n'a jamais été complètement remplacé par quelque chose de substantiel.

Mais on pourrait nous retorquer que le chef coutumier dispose d'une rémunération quoique modique et qu'il bénéficie, quelques fois, de certains avantages dus à sa fonction. Qu'à cela ne tienne, la réalité concrète sur terrain montre que le chef coutumier en général n'est pas en mesure de satisfaire à ses besoins élémentaires. C'est pourquoi, par souci de nouer les deux bouts du mois, aussi parfois par mercantilisme, certains chefs coutumiers s'adonnent à des pratiques peu recommandables. C'est ainsi par exemple, ils s'installent dans les grandes villes où régulièrement ils font la ronde des officines politiques à la quête des moyens de subsistance. Cette situation n'honore pas, nous l'avons déjà dit, la fonction du chef coutumier qui s'est fissurée. En outre, cette situation rappelle un aphorisme qui déclare : la main qui donne domine. Le chef coutumier est dominé, son autorité s'est désintegrée parce qu'il tend continuellement la main. Il devient pour ainsi dire semblable à l'albatros du poète français Charles Baudelaire.

Tenez, nous avons trouvé une similtude très amusante entre la vie du chef coutumier et l'appréciation de la population nantie envers qui s'adresse souvent le chef coutumier pour satisfaire ses besoins. Ecoutons attentivement Charles Baudelaire[49] :

« Souvent, pour s'amuser, les hommes d'équipage
Prennent des albatros, vastes oiseaux des mers,
Qui suivent, indolents compagnons de voyage,
Le navire glissant sur les gouffres amers.

A peine les ont-ils déposés sur les planches,
Que ces rois de l'azur, maladroits et honteux,
Laissent piteusement leurs grandes ailes blanches
Comme des avirons traîner à côté d'eux.

49 https://www.poetica.fr/poeme-127/charles-baudelaire-albatros/

Ce voyageur ailé, comme il est gauche et veule !
Lui, naguère si beau, qu'il est comique et laid !
L'un agace son bec avec un brûle-gueule,
L'autre mime, en boitant, l'infirme qui volait !

Le Poète est semblable au prince des nuées
Qui hante la tempête et se rit de l'archer ;
Exilé sur le sol au milieu des huées,
Ses ailes de géant l'empêchent de marcher ».

Quel est le comportement de la population, les sujets du chef coutumier vis-à-vis de ce dernier ? Le comportement des sujets du chef coutumier ressemble à la légende de la civette et du coq qui se raconte de la manière suivante : « *s'adressant au coq, la civette dit : j'ai toujours eu peur de m'approcher près de toi à cause du feu que tu portes sur ta tête. Et, le coq de répondre à la civette, non ! Ce qu'il y a sur ma tête n'est pas du feu mais une simple chair ; d'ailleurs, je t'invite à venir toucher pour t'en rendre effectivement compte. La civette s'approcha, elle toucha la crête du coq et se rendit compte que le coq avait dit la vérité. C'est à partir de ce moment que la civette a commencé à manger le coq* ». Nous laissons au lecteur le loisir d'interpréter cette légende.

Conclusion

Finalement, que retenir de toutes ces analyses, toutes ces démonstrations, toutes ces contorsions de nos méninges ? Il s'agit simplement d'un plaidoyer en vue de l'amélioration par l'Etat congolais de la vie du chef coutumier qui doit demeurer gardien de notre culture. A ce titre, le chef coutumier mérite toute l'attention de notre nation.

Conclusion générale

« *Ndungu ba mvadila ku nsitu, ba nkinina, ku buala badi* » un tam-tam (tambour) fabriqué dans la forêt, les danseurs sont au village. Pour ce qui nous concerne, entendez par là que ce livre conçu dans notre moite intimité gastrique, les lecteurs potentiels sont en dehors du concepteur.

Arrivé au terme de notre cogitation, nous voulons à présent récapituler l'essentiel de notre recherche. Mais avant l'entrée effective dans cet exercice, une mise au point importante s'avère indispensable. Il s'agit plus précisément de fixer nos lecteurs sur l'objectif primordial poursuivi dans cet ouvrage. En effet, la controverse du pouvoir coutumier en République Démocratique du Congo étant un problème récurent et complexe, nous avons estimé, par cette modeste contribution, mettre à la porté de la population des outils qui permettront, nous osons le croire, d'atténuer tant soit peu la récurrence de ce problème. Et, les conséquences de ces controverses du pouvoir coutumier sont connues de nous tous. Sans être exaustif, nous citerons les conséquences suivantes : querelles, disputes, conflits perpétuels, guerres, perte de temps, perte des moyens financiers et matériels, etc. La résolution de ce problème évitera toutes ces conséquences citées. Parmi ces conséquences, arrêtons-nous un instant sur la perte du temps et les guerres. En effet, la résolution du problème de la controverse du pouvoir coutumier permettra de gagner un temps précieux gaspillé inutilement lors des procès interminables concernant la controverse du pouvoir coutumier. Le temps ainsi gagné pourra servir pour le travail productif seul gage du développement et les anglo-saxons renchérissent en disant : « *Time is money* », le temps c'est de l'argent. La résolution de ce problème permettra aussi d'éviter les conflits meurtriers, les guerres et l'on dit que l'argent ou le développement n'aime pas le bruit des bottes.

Toujours hanté par la résolution du problème de la controverse du pouvoir coutumier, nous avons envisagé de passer de l'oralité à l'écrit comme piste de solution. Mais sur cette piste de solution, nous entendons déjà la voix de nos contradicteurs disant que la fixation de la tradition orale par écrit n'est pas une garantie suffisante concernant l'authenticité et la véracité de ces écrits. Pour répondre à cette préoccupation, du reste légitime, nous faisons recours à des faits : le calcul des erreurs et l'acceptation de facto de certains événements de portée mondiale.

1° Le calcul des erreurs

Les scientifiques parlent souvent des erreurs absolues et des erreurs relatives. Mettons de côté cette considération des scientifiques pour ne prendre que l'aspect ordinaire, l'aspect du commun des mortels. Par exemple, lorsque nous mesurons la longueur d'un bâtiment ou d'un terrain, il y a toujours dans le résultat obtenu une marge d'erreur parce que principalement, le mètre utilisé est une copie (avec erreur) du mètre étalon qui se trouve à Sèvre (Paris). Et pourtant, dans la vie pratique, nous nous accommodons aux mesures obtenues au mesurage de notre bâtiment, nous faisons avec dans notre vie.

2° Les événements mondialement acceptés comme tel

Toujours à titre d'exemple, nous voulons parler de deux événements mondialement acceptés comme tel : la découverte de l'Amérique et la date de naissance de Jésus-Christ.

a) La découverte de l'Amérique

Les manuels d'histoire renseignent que l'Amérique fut découverte par Christophe Colomb vers les années 1492. Pourtant, lorsque ce navigateur, explorateur est arrivé en

Amérique, il y trouva des Indiens dont la terre d'origine est l'Inde.

Ces Indiens seraient-ils passés par le détroit de Béring pour atteindre l'Amérique et se prévaloir comme authentiques découvreurs de l'Amérique comme le prétendent certains historiens ? Tout compte fait, l'on admet que c'est Christophe Colomb qui a découvert l'Amérique. Telle est la réalité de la vie pratique.

b) La date de naissance de Jésus-Christ

S'agissant de la date du 25 décembre célébrée presque mondialement (fête de Noël) comme date de naissance de Jésus-Christ, nous faisons recours à l'explication fournie par Guillemin de la manière suivante [50]:

> « *Avant d'en venir aux grandes questions, la naissance de Jésus-Christ et sa résurrection, sachons que King nous rend attentifs à deux choses qui ne sont pas sans importance. Premièrement aux influences – probables ou certaines – subies par le judaïsme lors de l'exil de Babylone (quant à Satan et aux démons) et par le christianisme, dès le 1er siècle (quant à l'insertion de l'hellénisme dans la théologie christique). Plus tard, et dans un esprit de conciliation séductrice, les chrétiens ne virent pas d'inconvénient à emprunter aux adorateurs de Mithra la date de leur grande fête annuelle, leur fête solaire du 25 décembre, pour en faire celle – inconnue et donc disponible – de la naissance du de Jésus* ».

Fort de ce qui vient d'être développé dans les paragraphes qui précèdent, nous disons que nous nous sommes appuyés dans cet ouvrage sur des récits et écrits qui ont résisté à l'épreuve du temps. Cela pourrait s'apparenter à ce qu'on appelle une convention.

---

[50] GUILLEMIN, H., *Malheureuse Eglise*. Seuil, Paris, 1992, p.52

La construction de cet ouvrage commence par une étude qui établit une relation entre la culture orale et le pouvoir coutumier en République Démocratique du Congo dans le sens où l'oralité a primé et prime encore dans notre coutume. L'analyse consacrée à la culture orale, objet de notre premier chapitre, avait pour finalité de relever quelques inconvénients notamment la coloration ou la déformation des récits transmis de génération en génération. Ces inconvénients sont in fine, l'une des causes de la controverse du pouvoir coutumier. Mais, comme dans la transmission on utilise la communication orale, nous avons jugé utile de nous attarder un peu sur la communication surtout orale.

Franchissant la frontière qui sépare l'oralité et l'écrit, nous avons proposé au second chapitre, l'étude de quelques aspects du droit coutumier. L'idée sous-jacente est que le chef coutumier soit outillé pour bien exercer ses fonctions. Au troisième chapitre, nous avons transcris deux textes fondateurs du pouvoir coutumier. L'idée qui sous-entend cette démarche est que souvent ces écrits ne sont pas à la portée de tout le monde même de l'intéressé lui-même (chef coutumier).

Pour résoudre, tant soit peu, la question concernant la controverse du pouvoir coutumier en République démocratique du Congo, nous avons annoncé dès l'introduction générale que nous allons vider notre besace, c'est-à-dire dévoiler le contenu concret de notre préoccupation au quatrième chapitre intitulé « controverse du pouvoir coutumier dans le groupement Bula, Secteur de Bula-Naku, Territoire de Tshela, Province du Kongo Central. Et, puisque l'homme est au centre de ce pouvoir, quelques réflexions sur la vie du chef coutumier étaient indispensables parce que cela conditionne en grande partie sa manière d'exercer ses fonctions. Il va sans dire que la vie du chef coutumier pourrait aussi être source de controverse du pouvoir coutumier.

A qui appartient le pouvoir coutumier ? La réponse à cette question résout en grande partie le problème de la controverse du pouvoir coutumier. Les autres aspects de la controverse découlent généralement du problème de la succession. Les législateurs congolais (RDC), grâce à la loi n°15/015 du 25 Août 2015 fixant le statut des chefs coutumiers donnent une réponse globale mais, à notre avis incomplète, à cette question.

La loi citée ci-dessus fixe les conditions d'exercice des fonctions de chef coutumier avec les termes suivants : « Nul ne peut exercer les fonctions de chef coutumier s'il ne remplit les conditions suivantes[51] :

1. Être de nationalité congolaise ;
2. Être âgé d'au moins 18 ans ;
3. Être ayant droit à la succession ;
4. Être de bonne moralité ;
5. N'avoir pas fait l'objet d'une condamnation irrévocable à une peine privative de liberté ;
6. Avoir un niveau minimum de formation scolaire ».

Mais, nous avons souligné que la réponse que donne la loi n°15/015 du 25 août 2015 est incomplète parce que le point 3 (être ayant droit à la succession) peut être une pomme de discorde et donc source de controverse du pouvoir coutumier entre deux ou plusieurs prétendants « ayant droit à la succession ». Ainsi, nous suggérons de compléter cette loi de la manière suivante : Outre les conditions fixées par cette loi, il faut joindre la condition de possession des insignes du pouvoir ancestral (Bikhanda pour le ne-kongo). Ainsi, celui qui détient, en sus des conditions fixées la loi n°15/015 du 25 Août 2015 et ce, sans contestation, les insignes du pouvoir ancestral, est le vrai propriétaire du pouvoir coutumier.

Travail d'un simple amateur, cet ouvrage comme toute œuvre humaine est très perfectible. Toutefois, il pourrait dans une certaine mesure être un sésame ouvre-toi pour solutionner tant soit peu le problème récurrent de la controverse du pouvoir coutumier en République Démocratique du Congo.

[51] Loi n°15/015 du 25 Août 2015, *Op.cit.*

Bibliographie

1. B. WHITE, « L'incroyable machine d'authenticité. L'animation politique et l'usage public de la culture dans le Zaïre de Mobutu », *Anthérologie et sociétés*, Vol. 30, n°2, 2006.
2. BOYENGE Bofala F. *Au nom du Congo-Zaïre*, Publisud, Paris, 2011,
3. Charles – André GILIS, *Kasa–Vubu au cœur du drame congolais,* éd. Europe-Afrique, Bruxelles, 1963.
4. *Code de procédure civile.*
5. CORNEVIN R., *Le Zaïre,* P.U.F, Paris, 1977.
6. DE HEMPTINE J., *La politique indigène du gouvernement belge, Congo*, vol.2, 1928.
7. DE SAUSSURE F., *Cours de linguistique générale*, Payot, Paris, 1986.
8. *Enéide* : poème épique de VIRGILE en 12 chants (écrit de 29 à 19 av.J.C) inspiré de l'Yliade et de l'Odisée, cette épopée nationale
9. *Wiktionnaire* :
10. GUILLEMIN H. *Malheureuse Eglise*, Paris, Seuil 1992
11. https://fr.scribd.com/document/322593180/Discours-du-Roi-Leopold-II-aux-Missionnaires-du-congo-en-1883
12. https://fr.wikipedia.org/wiki/Féodalité
13. https://fr.wikipedia.org/wiki/liste de colonisations de/vo 27/Afrique précoloniale
14. https://fr.wikipedia.org/wiki/tradition orale

15. https://www.poetica.fr/poeme-127/charles-baudelaire-albatros/

16. Jean BATTORY et Thiery VIRCOULON, *Les pouvoirs coutumiers en RDC : Institutionnalisation, politisation et résilience,* Notes de l'Ifri, Ifri, mars 2020.

17. KATUALA Kaba Kashala J.M., *La preuve en droit congolais* (Textes, jurisprudence et doctrine), éd. Batena Ntambua, Kinshasa 1988.

18. Laurianne LUABO, *Droit coutumier*, éd. Laurianne, Paris, 2020.

19. LE ROY E., *Les pluralismes juridiques*, Karthala, Paris, 2003.

20. *Les dictionnaires du savoir moderne*, by Centre d'Etude et Promotion de la lecture, Paris 1971.

21. Loi Bakajika (Initiateur). Il s'agit de la loi n°73-021 du 20 juillet 1973 portant Régime général des Biens, Régime Foncier et Immobilier et Régime des Sûretés telle que modifiée et complétée par la loi n°80-008 du 18 juillet 1980. Journal officiel de la République Démocratique du Congo, 45ème année, n° spécial 1er décembre 2004

22. Loi n°15/015 du 25 Août 2015 fixant le statut des chefs coutumiers en République Démocratique du Congo.

23. MABIALA Mantuba P. et al. *La République Démocratique du Congo, une démocratie au bout du fusil*, Kinshasa, Fondation Konrad Adenauer.

24. MBAMBI Yabu A., *Les 21 valeurs de base de la culture Kongo, Organisation pour la Culture et la Cohésion Nationale (OCCN/ASBL),* Kinshasa, 2019.

25. MWANZO Idi'Aminye E, *Cours de Droit Civil*, 6ème édition, 2015-2016.

26. Ordonnance – loi n° 68-248 portant code de l'organisation et de la compétance judiciaire du 10 juillet 1968.

27. PLATON, *Gorgias*, 506 a.

28. Rapport du 12 décembre 1972 sur le groupement Bula par l'A.T Mubanga.

29. Rapport du 12 décembre 1972 sur le groupement Bula par l'A.T Mubanga.

30. Rapport du 15 mars 1937 du Cdat A.T Tordeur.

31. Rapport du 19 octobre 1937 de l'A.T Nauwelaert.

32. Rapport du R.P.Bittremieux, in Mayombesch Idioticom.

33. SOHIER A. ; *Droit civil du congo belge*, CI, Maison Larcier, Bruxelles, 1985.

34. BOUCAULT. S (2016). *Les huit âges de l'homme, selon Erik Erikson- Nos pensées.* Repéré à https://nospensees.fr/

Annexe

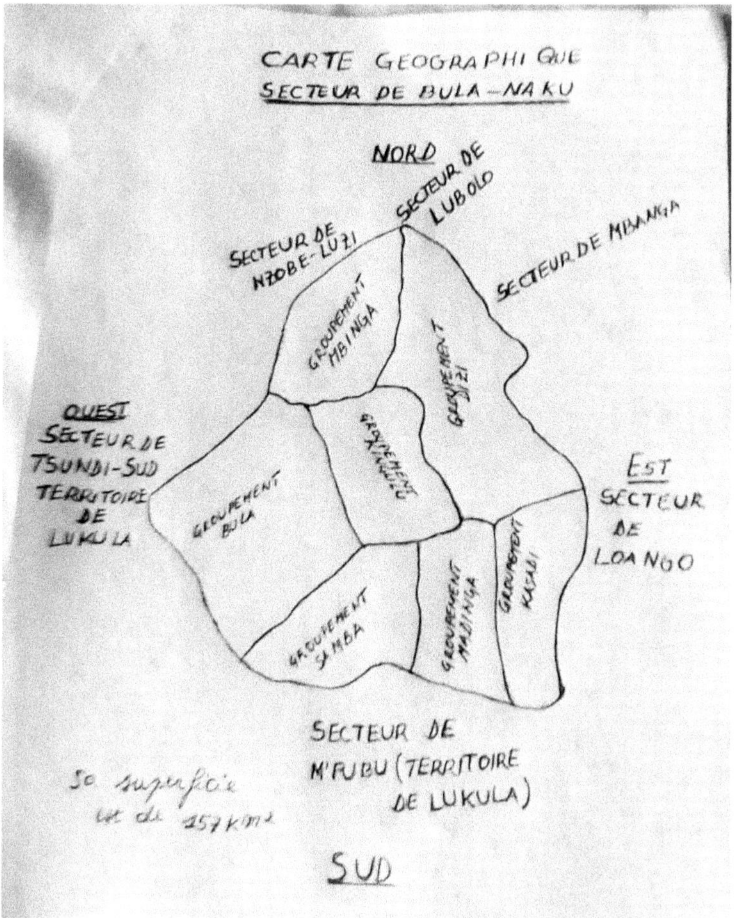
CARTE GEOGRAPHIQUE
SECTEUR DE BULA-NAKU
NORD
SECTEUR DE LUBOLO
SECTEUR DE NZOBE-LUZI
SECTEUR DE MBANGA
GROUPEMENT MBINGA
GROUPEMENT LUZI
OUEST
SECTEUR DE TSUNDI-SUD
TERRITOIRE DE LUKULA
GROUPEMENT BULA
EST
SECTEUR DE LOANGO
GROUPEMENT KASADI
GROUPEMENT MADINGA
GROUPEMENT SAMBA
SECTEUR DE M'FUBU (TERRITOIRE DE LUKULA)
Sa superficie est de 157 km²
SUD

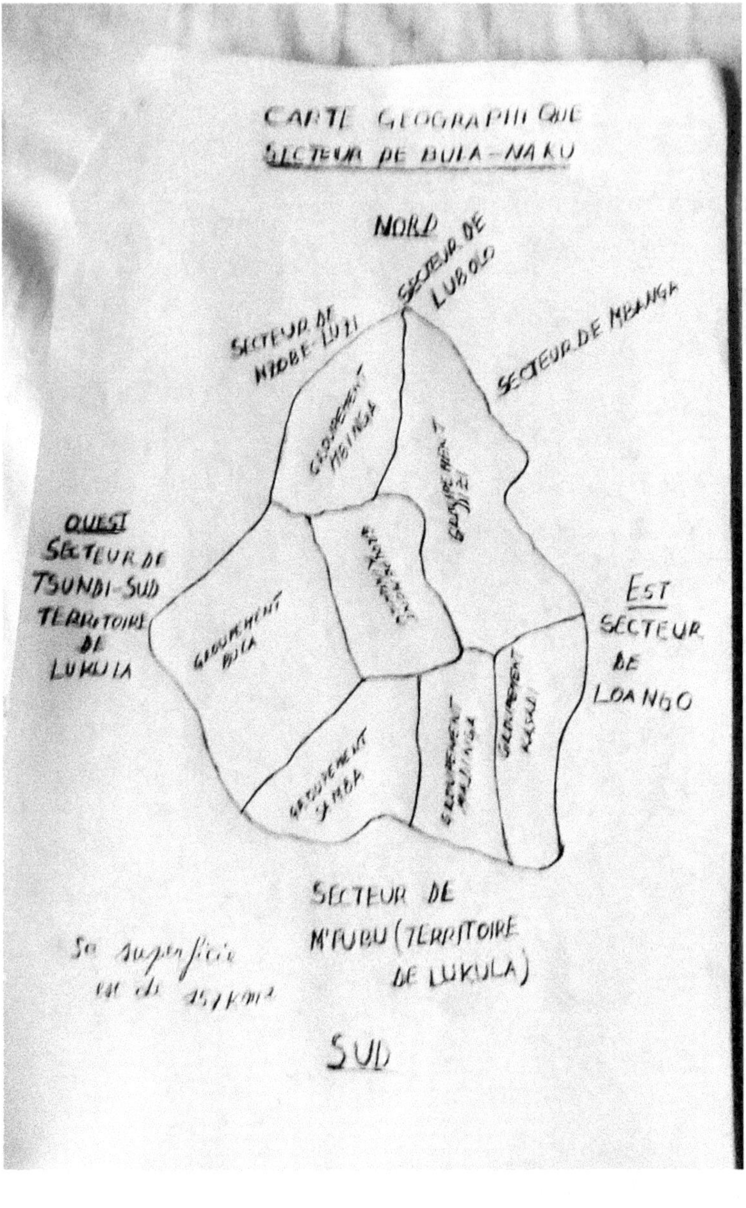
CARTE GEOGRAPHIQUE
SECTEUR DE BULA-NAKU
NORD
SECTEUR DE LUBOLO
SECTEUR DE MBANGA
OUEST
SECTEUR DE TSUNDI-SUD
TERRITOIRE DE LUKULA
GROUPEMENT BULA
EST
SECTEUR DE LOANGO
SECTEUR DE M'FUBU (TERRITOIRE DE LUKULA)
SUD

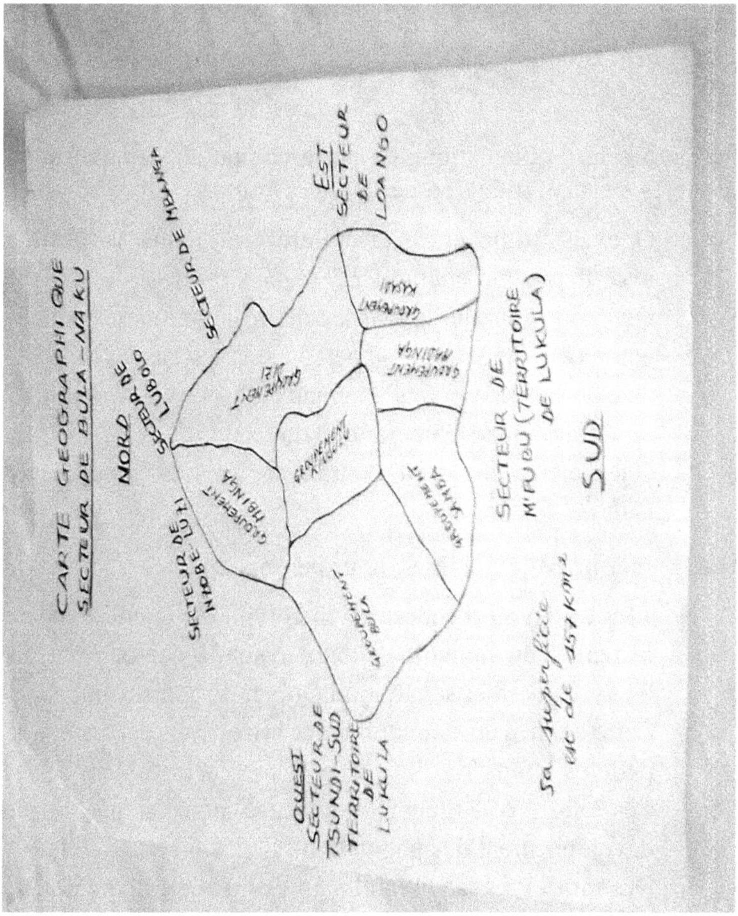
CARTE GEOGRAPHIQUE
SECTEUR DE BULA-NAKU
NORD
SECTEUR DE LUBOLO
SECTEUR DE MBANGA
EST
SECTEUR DE LOANGO
SECTEUR DE M'FUBU (TERRITOIRE DE LUKULA)
SUD
OUEST
SECTEUR DE TSUNDI-SUD
TERRITOIRE DE LUKULA
GROUPEMENT BULA

Questionnaire de la cogitation : Rapport d'enquête sur le groupement Bula

Eu égard à la problématique de notre cogitation, les questions suivantes méritent d'être posées :

1. Quel est l'impact de la culture orale dans sa relation avec le pouvoir coutumier ?
2. Que nous apprend la matrice du droit coutumier dans le contexte congolais sur la personne et les biens ?
3. Quels sont textes fondamentaux du pouvoir coutumier en République Démocratique du Congo ?
4. Que retenir du droit coutumier dans le groupement Bula ?

Ainsi, en termes d'hypothèses, nous pensons que :

1. Tant qu'on ne prendra pas en compte de manière lucide la réalité du pouvoir coutumier sur la personne et les biens, ce dernier sera toujours objet de controverse ;
2. Cette controverse conduit à des crises, aux débats et à la perte de temps ;
3. Ces crises constituent un blocage pour la paix et le développement des populations ;
4. Dès lors, une gestion intelligente et réaliste du pouv

Table des matières

Acronymes 7
Remerciements 9
Préface 11
Introduction générale 15
Chapitre 1 Culture orale et pouvoir coutumier 21
1. La culture en général 22
2. La communication 25
3. La culture orale 27
4. La culture orale et le pouvoir coutumier 30
Conclusion 34
Chapitre II Quelques aspects du droit coutumier 35
21 Droit coutumier des personnes 36
§1. L'identification d'une personne 37
2. Les fiançailles 43
2.2.Droit coutumier des biens 55
Conclusion : les vestiges ancestraux 62
Chapitre III Des textes fondateurs du pouvoir coutumier en République Démocratique du Congo 63
3.1. Note circulaire N°001/CAB/MIN/AFF-COUT/GMP/dnk/2017 64
3.2.Loi fixant le statut des Chefs Coutumiers (RDC, Août 2015) 69

Chapitre IV_Le pouvoir coutumier dans le groupement Bula 83

IV 1 Carte postale du Secteur de Bula-Naku 84

IV 2. Les mouvements migratoires 91

IV.3 Arbre généalogique du clan Mbenza du groupement Bula 97

1. Enquête administrative de l'A.T Tordeur 101

2. Chronologie de succession des Chefs de Groupement Bula 121

Chapitre V Quelques réflexions sur la vie du chef coutumier139

V1. La vie du chef coutumier avant la colonisation 141

V2. La vie du chef coutumier pendant la colonisation 143

V3. La vie du chef coutumier après l'indépendance 147

Conclusion 151

Conclusion générale 153

Bibliographie 159

Annexe 163

Table des matières 167

Structures éditoriales du groupe L'Harmattan

L'Harmattan Italie
Via degli Artisti, 15
10124 Torino
harmattan.italia@gmail.com

L'Harmattan Hongrie
Kossuth l. u. 14-16.
1053 Budapest
harmattan@harmattan.hu

L'Harmattan Sénégal
10 VDN en face Mermoz
BP 45034 Dakar-Fann
senharmattan@gmail.com

L'Harmattan Cameroun
TSINGA/FECAFOOT
BP 11486 Yaoundé
inkoukam@gmail.com

L'Harmattan Burkina Faso
Achille Somé – tengnule@hotmail.fr

L'Harmattan Guinée
Almamya, rue KA 028 OKB Agency
BP 3470 Conakry
harmattanguinee@yahoo.fr

L'Harmattan RDC
185, avenue Nyangwe
Commune de Lingwala – Kinshasa
matangilamusadila@yahoo.fr

L'Harmattan Congo
219, avenue Nelson Mandela
BP 2874 Brazzaville
harmattan.congo@yahoo.fr

L'Harmattan Mali
ACI 2000 - Immeuble Mgr Jean Marie Cisse
Bureau 10
BP 145 Bamako-Mali
mali@harmattan.fr

L'Harmattan Togo
Djidjole – Lomé
Maison Amela
face EPP BATOME
ddamela@aol.com

L'Harmattan Côte d'Ivoire
Résidence Karl – Cité des Arts
Abidjan-Cocody
03 BP 1588 Abidjan
espace_harmattan.ci@hotmail.fr

Nos librairies en France

Librairie internationale
16, rue des Écoles
75005 Paris
librairie.internationale@harmattan.fr
01 40 46 79 11
www.librairieharmattan.com

Librairie des savoirs
21, rue des Écoles
75005 Paris
librairie.sh@harmattan.fr
01 46 34 13 71
www.librairieharmattansh.com

Librairie Le Lucernaire
53, rue Notre-Dame-des-Champs
75006 Paris
librairie@lucernaire.fr
01 42 22 67 13

www.ingramcontent.com/pod-product-compliance
Lightning Source LLC
LaVergne TN
LVHW021218061026
849535LV00008B/2808